CHALLEMEL-LACOUR

ÉTUDES ET RÉFLEXIONS D'UN PESSIMISTE

PARIS
BIBLIOTHÈQUE-CHARPENTIER
EUGÈNE FASQUELLE, ÉDITEUR
11, RUE DE GRENELLE, 11
1901

ÉTUDES ET RÉFLEXIONS

D'UN PESSIMISTE

IL A ÉTÉ TIRÉ DE CET OUVRAGE

Quinze exemplaires numérotés à la presse sur papier de Hollande.

CHALLEMEL-LACOUR

ÉTUDES ET RÉFLEXIONS

D'UN

PESSIMISTE

PARIS
BIBLIOTHÈQUE-CHARPENTIER
EUGÈNE FASQUELLE, ÉDITEUR
11, RUE DE GRENELLE, 11

1901

Tous droits réservés.

PRÉFACE

M. Hustin, qui fut, à la présidence du Sénat, le chef du cabinet de Challemel-Lacour, a trouvé, dans les manuscrits dont il est dépositaire, celui de la belle étude philosophique qu'on va lire. Il me l'a remis comme au plus respectueux disciple de ce grand écrivain, à l'éditeur de ses discours. Nous avons décidé de publier ce chef-d'œuvre inconnu. Ce sera, demain, un des chefs-d'œuvre de la pensée française.

Le manuscrit des *Études et réflexions d'un pessimiste* a été, à diverses reprises, revu et augmenté par Challemel-Lacour. Telle page, qu'il avait laissée subsister dans le cahier, a été biffée pour être remplacée par un développement plus riche. Des ratures, peu nombreuses assurément, mais d'encres différentes, indiquent que l'auteur est revenu, à diverses époques, sur l'expression première de sa pensée.

Ceux-là seuls qui n'ont pas vécu dans l'intimité de Challemel-Lacour demanderont pourquoi il a gardé ces pages dans un tiroir. Il dit du héros de son livre : « Il a toujours affiché une extrême aversion pour toute espèce de publicité... Je ne lui ai jamais vu le moindre prosélytisme, et, s'il bataillait volontiers entre amis, il ne se souciait pas d'occuper le monde de ses folies. Mais était-ce mépris ou respect du public, je ne saurais le dire. Il détestait l'imprimerie, et ne croyait pas qu'en elle fût le salut de l'humanité. Au lieu de partager le juste enthousiasme que les bienfaits de cette sublime invention doivent inspirer, il la signalait comme l'ère de la décrépitude et comme ouvrant l'ère du plus triste et du dernier des âges, l'âge du papier : « Depuis qu'on imprime, disait-il, nous ne « faisons que nous entregloser »; et ce mot, qu'il empruntait à Montaigne, résumait tous ses dédains pour notre littérature de seconde main, pour la demi-science et la stérilité de génie que manifeste l'abondance des livres modernes. »

Or, le héros de ce livre, c'est lui-même.

Certainement, Challemel aimait son œuvre, bien qu'il n'en ait jamais parlé à aucun de nous. C'est, peut-être, pour cela qu'il ne nous en a jamais parlé. Cet avare cachait ses trésors, ce qu'il aimait le plus. Cependant, s'il avait jugé ces méditations indignes de lui, il les aurait détruites; il ne les aurait pas conservées, prêtes pour l'impression, y revenant par intervalles, les polissant et les repolissant. Les *Réflexions d'un pessimiste* ont été écrites sous l'Empire, entre 1861 et 1869; en effet, Challemel y fait allusion à la mort de Schopenhauer (21 septembre 1860) et il a emprunté à son manuscrit quelques phrases pour les transplanter dans la fameuse étude sur le philosophe allemand que la *Revue des Deux Mondes* publia le 15 mars 1870. On sait que cet article, qui était intitulé : « Un bouddhiste contemporain en Allemagne », révéla Schopenhauer à la France. Sans doute, la curieuse *Métaphysique de l'Amour* avait été traduite, quelques années auparavant, dans la *Revue germanique* de Dollfus et Nefftzer; et Foucher de Careil, avait publié, en 1862, un essai sur *Hégel et Schopenhauer*. Je ne jurerais pas que le souvenir de cette commune admiration ait été tout à fait étranger au décret par lequel, bien des années plus tard, Challemel-Lacour, ministre des Affaires étrangères, appela Foucher de Careil, sénateur, à l'ambassade de Vienne. Mais ces premières publications n'avaient intéressé qu'un petit nombre de lettrés ; l'article de Challemel eut un autre retentissement. Challemel fut vraiment le Colomb qui découvrit pour la France le monde nouveau de Schopenhauer, cette vaste Amérique de la désespérance et du doute.

Après avoir ainsi tâté le terrain, pourquoi Challemel n'a-t-il point publié le livre où il développait ses propres vues sur le pessimisme? Outre la raison générale que j'ai déjà donnée, on en peut indiquer deux autres, plus particulières. La première, c'est que, peu de mois après l'apparition de son étude sur le bouddhiste de Francfort, la politique l'enleva brutalement et pour toujours à la philosophie et aux lettres. La guerre éclata, la République fut proclamée, et les soucis de la vie publique prirent tout entier ce penseur qui fut successivement préfet du Rhône, rédacteur en chef de la *République française*, député à l'Assemblée nationale, sénateur, ambassadeur à Berne et à Londres, ministre des Affaires étrangères, président du Sénat. Je serais, d'ailleurs, disposé à croire qu'il s'inquiéta des conséquences qu'avaient eues pour la France la révélation qu'il avait faite de Schopenhauer et que le livre de M. Th. Ribot avait précisée. Le pessimisme devint, pendant plusieurs années, une mode. Cette mode n'était pas que ridicule; s'il était plaisant de voir de jeunes et jolies femmes, élégantes et amoureuses, se pâmer au nom du vieux misogyne, le mal fut plus profond, qui envahit la poésie, la philosophie, la politique elle-même. Il y eut, dès lors, quelque chose de changé dans le cerveau français, naguère encore clair, joyeux, et, par conséquent, fort. Bien que la conclusion de son livre, qu'il plaçait, avec tant d'amusante hardiesse, dans la bouche de Rabelais, du bon maistre François, fût une protestation éloquente contre le pessimisme, Challemel dut se dire que sa fable elle-même, qui est pessimiste, trouverait plus d'écho que la morale optimiste qu'il en avait tirée. Involontairement, il aurait versé encore de l'eau sur le moulin de Schopenhauer.

Toutefois, en publiant aujourd'hui les *Réflexions d'un pessimiste*, nous ne pensons pas, M. Hustin et moi, désobéir à une intention formelle de Challemel, qui aurait été pour nous une loi absolue. Au cours de son ambassade à Londres, il avait fait un testament où il interdisait de publier ses *relicta*. Il traversait, alors, une des crises les plus douloureuses de sa vie, obsédé d'idées noires. Mais il en était revenu et il avait annulé ce testament; ses dernières volontés sont muettes sur ses œuvres posthumes. Notre droit est donc entier de ne pas priver la France d'un pareil livre. D'autre part, Challemel prévoit en termes précis, dans le premier chapitre des *Réflexions*, qu'elles verront le jour: c'est une manière d'*imprimatur*.

Ayant exposé la haine qui animait son héros contre l'invention de Gutenberg, il ajoute, en effet : « Je n'aurai garde de combattre tous ces sophismes ; je veux laisser au lecteur le soin d'en faire justice. Ils n'étaient pas un jeu d'esprit pour notre ami, c'est pour cela qu'ils l'ont conduit à sa perte. Ils devaient être publiés pour attester sa sincérité, pour montrer aux adeptes du pessimisme, s'il en est, le danger qu'ils courent, et leur faire sentir que la vraie sagesse est, en philosophie comme en politique, d'être content sans raisonner. »

Je n'oserais écrire que le pessimisme, philosophique et surtout politique, soit en baisse. Il est, d'ailleurs, très difficile de prévoir quel sera l'effet d'un livre sur les esprits. On discute encore si *Candide*, ce chef-d'œuvre absolu de raison, de santé intellectuelle, a fait plus de pessimistes que d'optimistes. Un écrivain, qui ne serait pas affligé de la fâcheuse maladie de la certitude, ne publierait jamais rien. Le « doit-on le dire ? » est un éternel problème, susceptible, selon les espèces et les temps, de solutions variées; donc, insoluble en soi. Le silence et la parole sont, successivement et alternativement, d'argent et d'or.

Les *Réflexions d'un pessimiste* sont une galerie de portraits : Leopardi, Schopenhauer, Shakspeare, Shelley, Byron, Swift, Pascal, Chamfort, Henri Heine ; portraits ou esquisses, merveilleusement encadrés. Visiter un musée avec un guide qui vous en explique les beautés m'a toujours paru insupportable ; je ne ferai pas métier de *cicerone*. Ayant ouvert la porte de la galerie, j'ai rempli mon rôle. Regarde, visiteur, et ne passe pas trop vite.

On a vu que Challemel, quand il écrivit son étude sur Schopenhauer, avait, sous les yeux, ses *Réflexions d'un pessimiste*, puisqu'il y emprunta quelques phrases. On comparera avec intérêt ces deux récits de sa visite au philosophe allemand dans une brasserie enfumée. Celui qui parut dans la *Revue des Deux Mondes* n'est qu'un résumé, plus vigoureux peut-être, d'une touche plus forte, mais qui ne donne pas, au même degré, l'impression du milieu et la sensation de cette entrevue qui sera, un jour, historique. L'image de Leopardi n'a pas moins obstinément préoccupé Challemel ; il a traduit la plupart de ses dialogues et paradoxes philosophiques. M. Hustin a également retrouvé cette traduction, véritable modèle du genre. Enfin, si Challemel ne m'a jamais entretenu de ses *Réflexions d'un pessimiste*, j'ai gardé le souvenir d'une longue conversation sur Shakspeare, où je trouve quelques-unes des idées qu'il indique dans son livre. Son interprétation du grand poète anglais était exactement la contre-partie de celle de Taine, dans l'*Histoire de la littérature anglaise*. Ces deux anciens condisciples de l'École normale n'eurent jamais, je crois, une idée commune. J'avais fait quelque allusion à ces pages de Taine où il montre dans Shakspeare, « une nature d'esprit excessive, également souveraine dans le sublime et dans l'ignoble, d'une folie clairvoyante », génie incomparable, mais barbare, tourmenté et fumeux. Sur quoi Challemel se fâcha et m'expliqua la « sérénité de Shakspeare », comme quoi il n'y a jamais eu de génie plus clair et « plus calme ». C'était aussi l'avis de Gœthe et ce n'était pas, comme on sait, celui de Voltaire.

JOSEPH REINACH.

ÉTUDES ET RÉFLEXIONS

D'UN PESSIMISTE

ORAISON FUNÈBRE DE L'AUTEUR

QUI NE CONTIENT PAS

L'APOLOGIE DE SES DÉFAUTS

> Alas, poor Yorick! — I knew him, Horatio.
> SHAKSPEARE.

Il n'est pas mort, et c'est pour cela que je lui dois une oraison funèbre. S'il était mort, mon amitié pour lui se serait contentée d'un article nécrologique que personne n'aurait lu ; car il pouvait disparaître sans laisser de vide nulle part. Nous serions allés une demi-douzaine voir fermer sa tombe, et, quoique très persuadés qu'il n'aurait jamais rien fait, nous aurions échangé entre nous d'amers regrets sur cette mort qui anéantissait tant de promesses. Les voisins, en voyant passer un cercueil, auraient demandé le nom du mort, sans plus se soucier de lui que d'une pierre qui s'enfonce dans l'eau et qu'on ne voit plus. Il serait entré inconnu, comme il l'a toujours souhaité, dans l'éternelle paix. Ce bonheur ne lui sera pas donné. *Alas! poor Yorick!*

Il n'est pas mort. Mais un matin, le bruit, l'affreux bruit dont il avait horreur, s'est attaché à son nom. La lugubre nouvelle : « Il est fou », a retenti, et s'est répandue par mille voix secrètes parmi tous ceux qui l'avaient rencontré une fois. On s'intéresse plus à la folie qu'à la mort, et rien n'est plus juste : les fous souffrent encore, et la folie est toujours, en dépit des aliénistes, une visite des dieux. Ceux qui ne l'avaient pas connu, ont dit : « Quel dommage! » et nous, ses amis, je veux dire tous ceux que son fâcheux caractère et ses dangereuses boutades de franchise avaient fatigués si longtemps, nous nous sommes écriés avec tristesse : « Nous l'avions bien prévu. » Et vous nous eussiez entendus pendant plusieurs jours énumérer tout ce que nous avions remarqué chez notre ami de signes avant-coureurs de la maladie, sa manie de sincérité et de justice pour tout le monde sans acception de coterie, son intelligence rebelle à toute discipline, son vaniteux isolement, son humeur rétive à toutes les admirations orthodoxes, surtout son pessimisme. A force de l'excuser nous lui avons conquis enfin, grâce à sa folie, une réputation détestable, et lui avons préparé, si jamais il guérit, une rentrée dans le monde qui lui permettra d'être insociable impunément et véridique sans danger pour personne.

Je me propose de compléter notre œuvre et de remplir jusqu'au bout les devoirs de l'amitié en publiant quelques lignes qui serviront de preuves à notre apologie. Ce sont les réflexions et les études auxquelles se livrait notre malheureux et insupportable ami, à une époque où nous le croyions encore dans la pleine jouissance de sa raison. Nous nous trompions, comme le lecteur le verra trop bien. Ces pages portent, malgré leur trompeuse apparence de suite dans les raisonnements, la trace évidente d'un grave dérangement dans l'équilibre des facultés intellectuelles. Si je ne songeais qu'à la gloire, j'aurais dû dérober pour jamais au public la connaissance de ces fragments. Si je ne puis porter de jugement sur la forme, je puis dire au moins qu'ils renferment une philosophie compromettante. Mais composés, comme tout porte à le croire, sans nulle intention même lointaine de publicité, ils attestent au moins la parfaite sincérité des idées dont il faisait profession, et montrent par quel lien bizarre les croyances les plus décourageantes s'associaient dans son esprit à une doctrine d'indulgence universelle et d'inépuisable activité.

Au surplus, je me serais gardé de communiquer à âme qui vive un mot de tout cela, si je n'étais convaincu que de telles idées, venant d'une telle source, sont absolument sans danger. Un homme qui devient fou n'a jamais été bien sain, et quel ravage peuvent faire les raisonnements d'un fou ? Quels qu'ils soient, c'est leur privilège d'être absolument inoffensifs. Les auteurs les plus sains ne le sont pas toujours ; on est porté à s'incliner devant une réputation de sagesse, on cède en dépit de soi à l'autorité acquise, on se laisse subjuguer sans le savoir par un ton d'empire ou fasciner par un air de confiance ou de certitude. Mais quand il s'agit de ce que dit ou écrit un fou, on ne craint pas de contredire légèrement ; ses discours sont les seuls peut-être dont on considère en toute liberté d'esprit la valeur intrinsèque ; on les juge en eux-mêmes ; s'ils sont pervers, on en a pitié ; s'ils sont extravagants, on en rit ; s'ils sont sensés, on s'en étonne, et ils font réfléchir.

On me pardonnera donc, après avoir si bien défendu notre ami, de vouloir encore sauver du néant les pauvres débris de son intelligence naufragée. Aussi bien, l'avez-vous rencontré peut-être, l'infortuné, dans un temps où sa folie ne se distinguait de la raison des autres, que par un symptôme — au fond très dangereux — mais peu grave en apparence et qui vous aura sans doute échappé. Le dirai-je? C'était une antipathie déclarée contre les hommes sérieux. Sans doute, comme tous ceux dont la raison est travaillée par une gangrène invisible, il attachait aux mots des sens secrets. Aussi ne prenait-il pas, j'imagine, celui-là dans l'acception commune, car il infligeait le nom d'homme sérieux, qui dans sa bouche était un arrêt, à des personnages très différents et quelquefois très légers. Son extérieur à lui était, comme son humeur, habituellement sérieux et grave.

On aurait pu, ne le connaissant pas, attribuer à des sentiments d'envie les rigueurs qu'il prodiguait à quantité d'illustres personnages. On se serait trompé; non seulement il avait une âme élevée, mais encore c'était une conscience scrupuleuse et sagace, qui ne pouvait être dupe d'une passion basse, et qui, si le diable de la jalousie eût pris en elle un déguisement, se serait acharnée à le chercher jusqu'à ce qu'elle le dépistât. On eût dit qu'il considérait comme une guerre sainte la persécution qu'il exerçait, lui, si tolérant pour tous, contre ceux qu'il qualifiait d'hommes sérieux, tant il y mettait d'obstination et d'héroïsme imprudent.

On a bien des fois tiré de ce travers les inductions les plus fâcheuses contre son caractère. Il a passé aux yeux de beaucoup de gens pour un esprit sans consistance, fait pour porter dans les entreprises les plus graves une humiliante frivolité, incapable d'accomplir une œuvre solide ou d'y coopérer, et, pour tout dire, de comprendre la solennité de la destinée. Quand on le maltraitait ainsi, ses amis, réduits à garder un silence pénible, baissaient la tête, car il n'est que trop vrai que son nom n'a jamais figuré dans aucune de ces fonctions, privées ou publiques, qui ne demandent pas et qui excluent peut-être une quantité extraordinaire d'intelligence et de courage, mais qui supposent la qualité suprême, celle qui tient lieu de toutes les autres, le sérieux.

Ses amis, j'ose le dire, tous gens sérieux comme moi, et par conséquent très pénétrants, n'avaient pas manqué d'apercevoir en lui de rares talents qu'il ne se connaissait point; grâce à cette vue prophétique, qui est le don spécial des hommes de ce caractère, et qui semble tenir à leur grand esprit d'observation, ils lui avaient annoncé un brillant avenir. La prédiction ne s'est pas réalisée, et nous avons eu jusqu'au bout l'affliction

de le voir vieillir dans une indigne obscurité.
Nous l'avons toujours supplié en vain de réprimer cette humeur ironique, qui seule a détourné de lui la bienveillance efficace de ceux qui jouent un grand rôle et qui distribuent les autres.

Du reste, il a toujours protesté contre cette ironie que nous lui prêtions, disait-il, pour nous dispenser de répondre à ses raisonnements. Il mettait à les établir cette méthode et cette logique, qui sont des qualités admirables chez les hommes sensés ; mais il n'y a pas de plus triste et de plus effrayant symptôme dans une intelligence détraquée. Il avait classé les hommes sérieux en genres, espèces et variétés, et il tenait en réserve une foule de raisons pour montrer combien chacune de ces catégories était ridicule et malfaisante. Raisons évidemment fausses et paradoxales, auxquelles je ne puis m'arrêter ; car elles seraient trop faciles à réfuter, si elles n'étaient indiscutables. Je ne veux en donner qu'un ou deux échantillons.

Par exemple il abusait de la connaissance peu commune qu'il avait de l'histoire, ancienne et moderne, pour soutenir par des arguments tout au plus spécieux que le genre humain a toujours été absurdement conduit, et que n'était je ne sais quelle bénignité du destin qui l'a maintenu contre toute vraisemblance, il n'aurait pas duré un mois. Il aurait été ruiné, perdu, abîmé, savez-vous par qui? par les hommes sérieux qui l'ont toujours gouverné. Les conquérants fameux, les faiseurs de tyrannies, les grands ambitieux, les oppresseurs les plus odieux, Sylla, Auguste, Tibère, Henri VIII, Charles Ier, Cromwell, Philippe II et le duc d'Albe, Richelieu, Louis XIV, Robespierre, ont été les hommes les plus sérieux de l'univers. Non seulement ils ont vénéré l'autorité en leur personne, adoré comme une chose divine l'exercice de la puissance, pris au tragique les affaires humaines en l'impardonnable tort de ne pas voir que la terre est, comme le prouvent jusqu'aux métaphores instinctives du langage, une scène où se déroule une comédie dont les premiers personnages sont les marionnettes du Bon Dieu. Tous, au contraire, ont eu, pour leur propre majesté, une profondeur d'admiration qui amuserait si elle n'avait eu des conséquences si redoutables. En dépit du mal qu'ils ont fait, il était tenté de rire à les voir campés si fièrement au sommet des sociétés, dans l'attitude glorieuse et protectrice de coqs sur le haut d'un fumier.

« Supposez-leur, me disait-il, assez d'esprit pour se moquer un peu d'eux-mêmes et des choses, ils n'auraient pas pris tant de peine pour

s'approprier le pouvoir ni été si jaloux de le
garder à tout prix. Ils n'auraient pas inventé
tant de laborieux et sanglants stratagèmes pour
se prémunir contre les empiètements de la
canaille humaine. Ils n'auraient pas construit à
grands frais tant de systèmes politiques qu'un
coup de vent a emportés, ni fait chaque matin
tant de théories que l'événement du soir a
démenties. Ils n'auraient pas tracé tant de plans
ni commencé tant d'entreprises qui ont réussi
juste au rebours de leurs idées. »

On ne s'arrêterait pas à ces hypothèses
hasardées d'un raisonneur bizarre. Mais il citait
une longue liste (et il y comptait plus d'un
vivant) d'hommes d'État très admirés, ceux-ci
d'un génie temporisateur, ceux-là d'une humeur
aventureuse et entreprenante, mais tous hommes
sérieux, qui ont fini par verser dans le fossé le
char de l'État, ni plus ni moins que ne l'eussent
fait des cochers ivres. Et pourquoi? parce qu'ils
n'ont pas su traiter les affaires par-dessous
jambe et vu que les société sont choses qui
vont d'elles-mêmes, ou peu s'en faut, par l'impulsion imprimée dès le commencement à la
machine. Rogues, sentencieux, renfermés, bou-
tonnés, comme s'ils avaient à garder les confidences du maître de céans, ils n'ont jamais vu
que la recette universelle de la haute politique

peut se donner en quatre mots : « Mens et sois fort. »

A ces personnages solennels, dont les sottises et les mécomptes remplissent l'histoire, il opposait les vrais génies politiques qui ont l'avantage de n'avoir attaché leur nom à aucune catastrophe, parce que leur légèreté les a toujours et justement exclus de toute participation au gouvernement. Notre malheureux ami se plaisait à nommer, comme le type de ces hommes légers et inutiles, Nicolas Machiavel, le plus fin connaisseur en matière politique qu'il y ait jamais eu ; âme haute, fière intelligence, mais qui n'était pas un homme sérieux, ce que prouvent assez non seulement la *Mandragore*, mais mille traits qui abondent dans ses écrits et dans ses histoires ; aussi ne fut-il jamais rien et vécut-il à peu près toute sa vie comme un gueux et un homme de lettres.

Selon lui, tous les écrivains sont, lorsqu'ils achèvent un de leurs écrits, des hommes sérieux. Au moment où ils apposent le point final d'une comédie ou d'un volume de leurs mémoires, ce point final leur paraît vraiment le point culminant de la création. Pour arriver là, pour préparer et pour former le cerveau géant d'où cet heureux point a jailli, ce n'est pas trop que Dieu soit sorti de son repos, et qu'il ait daigné pétrir la matière des mondes, les disposer en chœurs harmonieux, en féconder la surface, et choisir entre eux le monde privilégié qui devait être le séjour de l'espèce humaine et qui verrait naître un jour l'auteur du dernier chef-d'œuvre. En contemplant son ouvrage, l'écrivain déclare qu'il est bon ; il prononce dans le secret de son cœur que les choses ont enfin leur raison d'être. De ce mélange de mépris et d'envie que les hommes, et en particulier les écrivains, sentent au fond de leur âme pour les autres, il n'éprouve plus pendant un court moment que l'immense satisfaction de remplir dans l'histoire des mondes la plus noble fonction qu'ait pu inventer pour lui la destinée. Le poète se dit : « J'ouvre aux âmes les régions paradisiaques de l'idéal » ; le critique : « Je suis le suprême régulateur des opinions, la voix qui distribue la justice, et le répartiteur de la gloire » ; le philosophe : « J'initie la pensée humaine aux mystères de la création » ; le moraliste : « Noble instrument de Dieu dans le grand œuvre de la sanctification de l'humanité, je purge les âmes des erreurs qui les égarent et des vices qui les déshonorent. » Il n'est pas un écrivain qui ne trouve pour lui le plus éclatant des titres ; l'auteur du plus méchant drame exerce un sacerdoce, et, s'il ne porte pas comme le prêtre l'étole et le surplis, c'est uniquement parce que la mode ne le permet pas. Un journaliste a pu croire autrefois qu'il tient la manivelle des choses humaines, qui vont ou qui s'arrêtent, qui roulent à droite ou à gauche, selon qu'il joue l'air de la liberté ou les ritournelles de l'autorité. Depuis, l'illusion a cessé pour beaucoup, mais ils sont grands encore. Il y a toujours une minute où l'homme qui se voit imprimé trouve, fût-il morose et hypocondre, que le monde est une sublime machine, et sent toute la douceur d'y être le rouage principal.

La folie se nourrit de contradictions. Aussi notre ami, si dur pour les gens de lettres qu'il ne connaissait pas, prétendait-il aimer la littérature qu'il connaissait bien ; le vieux ni le nouveau, rien ne lui était étranger. Mais toute la littérature, pour lui, c'était une dizaine au plus de grands hommes, qui ont cela de particulier d'avoir eu tous la même horreur que lui pour le sérieux. Cette thèse insensée lui était familière, et il soutenait, à grand renfort de faits et de textes, que tous les génies incontestés, et entre autres (pour ne pas remonter plus haut) Dante, Shakspeare, Voltaire et Gœthe, ont toujours fait profession de croire que la vie entière ne vaut pas une chiquenaude, et que le plus gros personnage ne pèse pas plus qu'une bulle de savon. Bien loin de s'étendre pour tenir plus de place parmi leurs semblables, ils se sont cantonnés, dès qu'ils l'ont pu, dans un coin d'où le monde, et l'homme, et la pensée de l'homme, et les œuvres de la pensée de l'homme leur ont paru d'assez tristes bagatelles. Leur grand souci a été de tuer le temps, de tromper ou d'assoupir l'ennui qui les accablait ; quant à l'immortalité qui leur est échue, ils s'en moquaient comme de ceci. S'ils ont travaillé pour l'éternité, ce n'est pas leur faute ; la plupart ne songeaient guère à s'adorer dans leurs œuvres, et à se prosterner devant leur miroir, tout éblouis des rayons qui leur jaillissaient de la face. Dante, privé des belles fêtes sanglantes de la liberté, voué au supplice de la paix, qu'il détestait en croyant la chercher, dégoûté des vivants, allait se faire une société de son choix parmi les élus et les damnés. Shakspeare avait des filles à doter, une troupe de comédiens à nourrir, et les comédiens, comme les rois, ne vivent pas de peu. Gœthe et Voltaire sentaient qu'à Circy, à Weimar, les jours ont, comme partout, vingt-quatre heures, dont le sommeil, les repas, la promenade et les visites d'imbéciles n'épuisent pas même les deux tiers. Bref, les vrais missionnaires parmi les écrivains seraient les seuls, au dire de notre ami, qui ne se soient jamais aperçus qu'ils eussent une mission.

Dans les mois qui ont précédé la perturbation incurable dont il est maintenant frappé, ses sorties contre les gens de lettres étaient devenues plus rares et moins amères. Après avoir cherché longtemps la raison de cet heureux changement, nous avons remarqué qu'il avait coïncidé avec la préoccupation nouvelle de la propriété littéraire. Sans doute, il s'était réconcilié avec les auteurs, depuis que ceux-ci, au lieu de parler comme ils faisaient naguère de mission à remplir, de vérité à servir, de tyrannie de l'inspiration, ont confessé publiquement le vrai motif qui les pousse à écrire. On sait maintenant que le philosophe, en fabricant un livre sur la morale, l'être éternel, le libre arbitre, sur ces sujets si neufs qui sanctifient et couvrent toujours d'honneur celui qui les traite, n'est pas du tout, comme on pourrait le croire à son style plein d'onction et à ses raisonnements boiteux, un prédicateur : c'est un père de famille qui a l'honnête ambition de posséder pignon sur rue. De même un poète n'est plus un maître des cérémonies chargé de nous introduire dans les concerts célestes, c'est un artisan de paroles qui construit à ses descendants une propriété. Voilà des raisons d'écrire simples, légitimes, excellentes enfin, au goût de notre ami ; les auteurs n'ont pas besoin d'en donner d'autres, et ils feraient bien de s'épargner les enfantillages ingénieux, par lesquels ils veulent rehausser l'inspiration involontaire qui leur met la plume à la main, et justifier leurs prétentions à la pro-propriété perpétuelle. Notre ami n'avait pour sa part rien à dire contre ces prétentions, et il voyait, non sans plaisir, le sérieux littéraire près de disparaître tout à fait, et de se perdre dans le sérieux propriétaire. Catégorie inférieure, mais intéressante encore, et sur laquelle notre ami faisait parfois, parmi des sorties très injustes, d'instructives observations ; car il l'avait beaucoup étudiée.

Notre réputation de peuple léger est, grâce au ciel, assez bien établie parmi les nations de l'Europe ; trop avisés pour ne pas convenir de ce joli défaut, nous nous résignons modestement à ne pas le revendiquer comme un mérite, pourvu toutefois qu'on ne nous le conteste pas. La gaieté enfantine est notre coquetterie, la frivolité est notre mouche assassine ; la légèreté est chez nous le ton obligé ; la gravité est hors de mode et tenue en quarantaine depuis la naissance de Voltaire. Notre ami n'en avait pas moins la hardiesse de prétendre que, n'en déplaise à la renommée, la France, cette terre classique de la plaisanterie aimable, est avant tout une nation d'hommes sérieux.

On y est plaisant, facétieux, tant qu'il vous plaira, au fond très sérieux. On y dit des riens, on y jette ses lazzis sur toute chose, l'esprit y cabriole du matin au soir, on y est de naissance coupletier et vaudevilliste; mais le premier bouffon venu s'y associera, pour peu qu'on l'en prie, au gouvernail de l'État, et vous esquissera magistralement une constitution. Sa conversation est une continuelle pochade, et il est vraisemblable que sa vaste cervelle, peuplée de calembours et de mots, n'a jamais logé une idée ; aussi est-il de toutes les fêtes, mais il est également de toutes les affaires et de tous les conseils. A le regarder faire et à l'écouter parler, vous le prendriez pour un acrobate; mais un instant après, l'arlequin s'ouvre et il en sort un sage qui parlera droit, morale, honneur, avec une gravité qui confondrait Socrate en personne; il sera sérieux et mystérieux autant que qui que ce soit, ses lèvres se plisseront, il froncera le sourcil, comme s'il était obligé de ramasser toutes ses forces pour porter le poids de si hautes pensées et ne pas plier sous sa propre importance ; et il peut arriver, en effet, que cet homme nécessaire tienne un jour dans sa main la clé des choses humaines.

Il n'est pas donné à tout le monde de ne pas être homme sérieux ; la chose serait aisée, s'il n'y fallait que des calembours et des gambades ; mais il faut encore ne pas enfler grotesquement la place qu'on occupe dans sa profession, l'importance de sa profession dans le pays où l'on vit, la grandeur de ce pays dans l'histoire universelle, la prééminence des choses humaines sur les autres règnes terrestres, le rang et la noblesse de la terre parmi les planètes roturières du système solaire, la perfection du système solaire dans la création, enfin l'excellence de la création elle-même ; en un mot, il faut être pessimiste. Malheureusement, cette juste appréciation des choses est, disait notre ami, aussi rare qu'elle est facile, et il faut être bien sage pour consentir à cet aveu : « Je suis un atome dans une fumée. »

Il comparait notre époque, qui n'est que joie et rire au dehors, à ces gens toujours souriants, plaisants, pétillants, amusants, pleins d'esprit, quand ils ont mis le pied dans la rue, mais qu'on est sûr de trouver, si on vient à les surprendre en présence de leurs femmes, de leurs enfants et d'eux-mêmes, grondeurs et quinteux. Pour lui, il était exempt de ces inégalités d'humeur comme de ces saillies de gaieté qui trahissent une tristesse dissimulée. Cette gaieté forcée qu'il faut porter ou supporter dans le monde, cette vivacité d'émerillon qui couvre une profonde langueur d'intelligence, lui déplaisait ; elle lui avait rendu le monde odieux et l'y avait fait renoncer.

Il avait, pour rendre compte de cette tristesse universelle que ne peuvent secouer tous les efforts de nos feuilletonistes et qui transpire dans nos folies, des explications auxquelles on ne se serait pas attendu. Ainsi notre époque est, selon lui, plus mécontente et plus hargneuse que ne l'a été aucune autre, justement parce qu'elle s'est imaginé que le monde devait être bon. Comme il est présentement assez détestable, malgré ses innombrables perfections, les uns disent qu'il a été gâté par notre faute, mais qu'avec l'aide d'un réparateur divin et moyennant beaucoup de patience, il peut être remis en un état très passable ; d'autres affirment que le monde était au commencement un ouvrage des plus médiocres, mais qu'à force de s'ingénier et de s'évertuer, l'homme l'a déjà beaucoup amélioré, et qu'il ne tiendrait qu'à lui de l'améliorer indéfiniment, si la paresse de plusieurs et la résistance de ceux qui ont leurs raisons pour trouver le monde excellent tel qu'il est, ne paralysaient l'industrie des hommes de bonne volonté. Notre ami n'avait garde de contredire aucune de ces belles théories ; mais il demandait comment ceux qui les acceptent pourraient ne pas être mécontents ; car en attendant la venue du réparateur ou l'effet des améliorations qui s'accomplissent, on ne peut s'empêcher de voir, à moins d'être stupide, que le mal est grand et ordinaire, le bien chétif et rare ; en sorte que ce monde est provisoirement, et nul ne sait pour combien de temps, juste le contraire de ce qu'il doit être.

Il est vrai que tout dans le monde souffre et gémit ; mais le monde n'en est pas moins bon, et la preuve, c'est qu'il existe. Voilà ce que disent ces théoriciens qui attendent si patiemment l'atténuation ou la disparition du mal. Preuve si convaincante à leurs yeux qu'ils ont déclaré l'opinion contraire une impiété, un blasphème, un crime de lèse-majesté divine et humaine. Car dire que le monde est mauvais, n'est-ce pas insinuer qu'il est une machine manquée et faire outrage à l'intelligence de l'artiste qui l'a fabriqué ? Il se peut que le monde ne soit pas, comme on le croit, une machine, ni surtout une machine faite exprès pour nous plaire, pour être trouvée par nous utile et commode, et qu'il y ait même une certaine impertinence dans notre approbation ; peut-être ce que nous y trouvons de beauté n'y a-t-il pas été plus mis à notre intention que les reflets irisés qui brillent à la surface d'un bourbier ne sont faits pour réjouir les yeux des crapauds. N'importe! le suffrage universel, d'accord ici avec le républicain Moïse et le républicain Rousseau, a prononcé que tout est bien; malheur à l'imprudent qui lui rompt en visière! La répression ne se fait jamais attendre.

Notre ami était un de ces imprudents; il professait avec intrépidité toutes les opinions qu'il croyait vraies, bien persuadé qu'elles n'étaient dangereuses que pour lui. Il se déclarait hautement pessimiste, et il soutenait qu'il n'est pas de doctrine plus religieuse que celle-là. Car s'il est vrai qu'il ne faut pas parler de corde dans la maison d'un pendu, y a-t-il rien de plus irrévérencieux que de vanter l'excellence de la création quand le mal y abonde? N'est-ce pas insulter sans cesse l'ouvrier malhabile qui n'a pas su mieux faire, ou n'est-il pas bien maladroit de jeter ainsi, par pitié, à la face de l'auteur du monde, le bien qu'il aurait dû et qu'il n'a pas voulu y mettre? Ensuite le pessimisme est une doctrine très utile. Si vous prétendez en effet que le monde est nécessairement bon, le mal qui s'y rencontre doit vous irriter, vous agacer, vous indigner. Au contraire, si vous admettez qu'il est médiocre par essence, le mal, naturel et inévitable, ne vous cause aucune colère; on ne se fâche pas que les choses soient comme elles doivent être. Mais le moindre bien qui s'y produit vous cause un ravissement inexprimable: un beau jour, un noble caractère, une action généreuse, une femme qui sourit, tout ce qui charme les sens ou ce qui plaît au cœur, est salué avec une reconnaissance profonde. Impassible en face du mal et des méchants, vous n'êtes sensible qu'à ce qui est bien, c'est-à-dire que vous vous approchez du plus haut idéal qui ait jamais été proposé : la bonté dans l'héroïsme. Le pessimisme est une cuirasse contre les cruelles angoisses dont sont assaillis tous ceux pour qui le mal est un mystère. La sérénité, l'indulgence, la paix, le mépris salutaire de tout ce qu'on prise et de tout ce qu'on se dispute, entre dans l'âme avec cette doctrine, qui seule pourrait acheminer les hommes, s'ils avaient la force de la porter, vers le royaume chimérique de la fraternité universelle.

Voilà comment ces idées, qui ne laissent debout aucune des croyances tutélaires de l'humanité, étaient, par un renversement de toute logique, devenues dans l'esprit malade de notre ami un évangile de salut. Cet évangile devait le conduire un jour à faire de la propagande parmi les fous.

Il reste, à ce qu'il paraît, peu d'espoir qu'il guérisse jamais; il n'est que trop vraisemblable qu'il était fou de naissance. L'estimable directeur de l'établissement où il reçoit les soins de la science l'a d'abord laissé en liberté; mais il a fallu l'isoler entièrement. J'ai appris que ses idées sur les hommes sérieux avaient failli ameuter contre lui tous les habitants de la maison. La première fois qu'il leur dit que le monde était mauvais, tous ces fous crièrent, comme s'ils eussent été de bon sens, haro sur l'infortuné! Ils s'estiment tous en effet parfaitement heureux. Le moins satisfait est un jeune volontaire de notre armée d'Orient, qui se croit empereur de la Chine depuis qu'il a vu le palais d'Été. Il est décidé à conquérir l'Europe pour la civiliser; il attend, avec la patience d'un dieu, pour se mettre en campagne et répandre sur l'Occident les trésors de bon ordre et de sagesse dont regorge le Céleste Empire, l'heure très prochaine où l'anarchie européenne portera deux cent millions de barbares à réclamer le secours de son impériale main. Cette manie civilisatrice, variété, comme on sait, fort commune, de la monomanie ambitieuse, est la première que notre pessimiste, nouveau venu dans cette académie d'insensés, a eu l'imprudence de contrarier. Il s'y est perdu de réputation dès le premier jour, et sa vie a couru un véritable danger.

Sans l'amas de paperasses trouvées chez lui et d'où j'ai à grand'peine extrait les pages qui suivent, je ne l'aurais jamais soupçonné atteint, au moindre degré, de la manie littéraire. Il a toujours affiché une extrême aversion pour toute espèce de publicité, et l'état dans lequel j'ai trouvé ses reliques écrites montre bien en effet qu'il ne nourrissait nulle envie d'être imprimé. Le premier morceau de papier venu, une feuille déchirée d'un cahier, le dos d'une carte de visite, la marge d'un journal, voilà de quoi se composent ses manuscrits; c'est là qu'il jetait en courant ses paradoxes effrénés, qu'il conservait le souvenir d'une vision ou d'un rêve, qu'il exprimait à tort et à travers, pour lui seul sans doute, ses jugements sur toutes choses. Il y a peu de suite dans ces manuscrits, la plupart du temps. Il ne développait un peu sa pensée, que lorsqu'il avait rencontré, dans ses connaissances ou dans ses lectures, quelque pessimiste qui flattait son humeur noire. Il l'étudie alors avec passion, il le commente, il le contredit parfois, mais pour le faire parler et pour savourer avec délices ses colères ou ses mélancolies. Quoique fort insoumis à l'autorité des noms, il était, comme tous ceux qui ont une idée fixe, jaloux de ranger de son parti les plus grands génies, et il s'évertuait à les interpréter à sa façon, amalgamant ses idées et les leurs de manière qu'il n'est pas toujours facile de les distinguer.

Rien dans tout cela ne prouve qu'il voulût livrer ses soliloques maladifs à l'impression. Je ne lui ai jamais vu le moindre prosélytisme, et, s'il bataillait volontiers entre amis, il ne se souciait pas d'occuper le monde de ses folies. Mais était-ce mépris ou respect du public, je ne saurais le dire. Il détestait l'imprimerie, et ne croyait pas qu'en elle fût le salut de l'humanité. Au lieu de partager le juste enthousiasme que les bienfaits de cette sublime invention doivent inspirer, il la signalait comme l'ère de la décrépitude, et comme ouvrant l'ère du plus triste et du dernier des âges, l'âge du papier. « Depuis qu'on imprime, disait-il, nous ne faisons que nous entregloser »; et ce mot, qu'il empruntait à Montaigne, résumait tous ses dédains pour notre littérature de seconde main, pour la demi-science et la stérilité de génie que manifeste l'abondance des livres modernes.

Je n'aurai garde de combattre tous ces sophismes; je veux laisser au lecteur le soin d'en faire justice. Ils n'étaient pas un jeu d'esprit pour notre ami, c'est pour cela qu'ils l'ont conduit à sa perte. Ils devaient être publiés pour attester sa sincérité, pour montrer aux adeptes du pessimisme, s'il en est, le danger qu'ils courent, et leur faire sentir que la vraie sagesse est, en philosophie comme en politique, d'être content sans raisonner.

1

CONSIDÉRATIONS SUR LA MALADIE ET LA SANTÉ ET SUPÉRIORITÉ DE LA PREMIÈRE DÉMONTRÉE PAR UN ILLUSTRE EXEMPLE

> Ho la fortuna di parere un coglione a tutti quelli che trattano meco giornalmente.
>
> LEOPARDI.

Ces gens bien portants ont tous une manie singulière, c'est de s'arroger, on ne sait pourquoi, un droit privilégié sur la vérité. Avez-vous le malheur de vous écarter en quoi que ce soit des idées vulgaires, ils vous déclarent malade de leur autorité, quand bien même vous ne feriez que penser ce que tous les sages ont répété à l'envi depuis Homère, Job et Salomon. Ce jugement porté, on s'abstient de discuter vos idées, on ne vous répond plus que d'un ton de pitié bienveillante, qui jetterait hors des gonds le plus patient des hommes. Si, en effet, vous êtes d'une santé fragile, atteint de quelque triste infirmité, si vous avez été assez maltraité par la fortune pour qu'on puisse vous supposer aigri, l'argument alors est deux fois triomphant. Il faudra désormais vous en tenir aux axiomes, ou commenter exclusivement des textes comme : « Frère, il faut mourir », si vous ne voulez pas qu'on vous réponde d'un accent qui ne laisse pas de réplique ces mots écrasants : « Vous êtes malade ! »

Les plus savants médecins affirment qu'il est très difficile de distinguer théoriquement la santé de la maladie, et je ne crois pas qu'il ait jamais été donné de l'une ou de l'autre une définition incontestée. Pour moi, je crois pouvoir dire que la maladie consiste principalement à voir les choses telles qu'elles sont, et c'est pourquoi j'admets, avec l'immense majorité de mes semblables, que l'essence de la maladie est de ne pas penser comme tout le monde.

La preuve en est évidente : c'est que les natures robustes en qui la santé surabonde, tous ceux dont la face épanouie, le teint clair, le pouls régulier, l'œil paisible attestent une digestion parfaite, l'équilibre des humeurs et l'exercice modéré des fonctions cérébrales, se distinguent au premier abord par une docilité absolue aux opinions prescrites. Jamais on ne voit ces hommes bien portants, où tout est réglé comme dans un excellent chronomètre, déranger par les saillies capricieuses de leur esprit ou par les audaces de leur raison le train des croyances établies : c'est en eux que le sens commun trouve ses défenseurs les plus incorruptibles.

Ce rôle est beau, j'en conviens ; mais il n'a rien de commun avec le don d'apercevoir la vérité, qui est réservé aux malades. Tout le monde n'a-t-il pas reconnu qu'aux approches de la dernière heure la pensée s'illumine d'une lumière presque divine et que le mystère de la vie s'éclaircit aux yeux des mourants ? De là vient qu'on leur a si souvent attribué l'inspiration prophétique. Pourquoi la maladie, qui est un acheminement à la mort, ne serait-elle pas un commencement d'illumination ?

Pourquoi, tandis que la vie végétative et la vie animale diminuent et languissent en nous, la pensée, qui est toute la vie humaine, ne redoublerait-elle pas quelquefois d'intensité ? Pourquoi la souffrance, en émoussant les sens, n'aiguiserait-elle pas l'esprit ? Lorsque le cœur, le foie, les poumons, l'estomac se conduisent en fonctionnaires négligents ou s'épuisent en guerres civiles, pourquoi le ministre, qui est chargé de les présider, abdiquant un gouvernement impossible, ne se retirerait-il pas dans le cerveau pour s'y livrer sans souci à la chasse des idées ¹ ?

Il est certes très permis d'admettre que les vérités sont une végétation vénéneuse, qui pullule de préférence dans les cerveaux malades, comme les mauvais champignons poussent sur les sols malsains ou comme l'oïdium naît sur la vigne. Dès lors serait expliqué de la manière la plus plausible le peu de goût que les hommes montrent universellement pour la vérité, et seraient justifiées les sages précautions que la plupart des gouvernements prennent contre elle. Ces précautions, par exemple la surveillance inquiète qu'on exerce presque partout sur la presse, les discours, les livres, sur toutes les voies enfin par où la vérité pourrait s'introduire, rentreraient dans les mesures de salubrité publique, et serviraient, non moins que l'arrosement des rues, le nettoyage des égouts, l'éloignement des abattoirs et des cimetières, etc., à maintenir la moyenne de la santé générale.

Il ne faut donc pas se méprendre sur le vrai

(1) A l'époque où il écrivait ceci, l'auteur avait-il lu le livre ingénieux de M. Moreau de Tours : *De la psychologie morbide* ? En tous cas, il ne se doutait pas qu'il devrait recevoir un jour les soins de ce savant docteur, et qu'il servirait personnellement à justifier ses théories.

sens de ces mots : « Il est malade », quand on les applique à un homme en raison des opinions qu'il émet. Je suis convaincu (et je me flatte de l'avoir démontré) que cela revient la plupart du temps à cet utile avertissement : « Prenez garde, il est empesté de vérité. »

Cependant, je tombai dernièrement, en parcourant une vieille collection de l'*Hesperus*, journal allemand de Stuttgard, sur un article qui me frappa. On y parlait de l'italien Giacomo Leopardi, et, après avoir vanté en termes magnifiques son style, son éloquence, son talent de poète et son caractère, on s'apitoyait sur ses malheurs et l'on mettait sur le compte d'un mal étrange, dont il avait été tourmenté toute sa vie, les idées extraordinaires qu'il exprime dans tous ses écrits. L'auteur de l'article était certainement un homme docte, réservé dans ses paroles, attaché aux bonnes doctrines, aussi consciencieux que peut l'être un Allemand parlant d'un Italien, et il avait à n'en pas douter l'intention d'excuser aux yeux du lecteur ce qu'il regardait, lui, comme de monstrueuses aberrations. Mais, je reconnus à l'instant que, possédant selon toute vraisemblance un estomac à digérer les chardons sans les mâcher et des poumons à faire tourner les girouettes sur le haut des clochers, il partageait le préjugé des hommes bien portants et se figurait qu'un malade est nécessairement un visionnaire.

Je dois pourtant à l'écrivain de l'*Hesperus* d'avoir lu Leopardi, que je ne connaissais guère que de nom ; à peine savais-je qu'il était né à la fin du xviiie siècle et mort en 1837, sans qu'aucun succès bruyant eût signalé ce passage rapide ici-bas et distingué son nom dans le fracas des événements politiques ou littéraires qui précèdent et qui suivent la Révolution de Juillet. Il ne me répugne pas d'interroger ceux qu'on n'interroge guère, les fous, les malades, les dédaignés, les calomniés ; aussi n'ai-je rien eu de plus pressé que de m'assurer si vraiment Leopardi avait été malade, et j'ai été, je l'avoue, satisfait au delà de mon attente ; sa vie a été une longue torture, un enchaînement de souffrances sans nom ; j'ai trouvé, là où je n'espérais qu'une maladie ordinaire, un malheur prodigieux ; et tant d'infortune m'a fait pressentir aussitôt tout un trésor inconnu de vérité.

Le malheur de Leopardi ne résulte pas de ces accidents qui font les biographies pathétiques, parce qu'ils émeuvent l'imagination par le brusque changement des situations, parce qu'ils offrent ces intéressants contrastes de la prospérité et de la misère, qui donnent seuls à l'existence humaine, selon M. Thiers, quelque

chose d'un peu pittoresque. On porterait assez
volontiers, comme une parure, ces infortunes
si dramatiques à raconter, qui vous tirent de la
foule, qui vous valent à votre insu mille sympathies charmantes, qui enchaînent la curiosité
autour de l'être exceptionnel qui a connu tant
d'orages et traversé tant de crises. Mais les souffrances de Leopardi, intérieures, obscures, in-
descriptibles, sont de celles qui dévorent sans
bruit, qui tuent sans éclat parce que, à part une
maladie physique qui ne le distingue en rien
des infortunés qui peuplent les hôpitaux, elles
résidaient tout entières dans son âme ardente et
agitée, sur qui tout porte à fond au lieu de glisser.

Leopardi a eu du génie dès l'enfance, et c'est
là son premier malheur.

Avoir, je ne dis pas seulement compris, mais
épuisé les écrits de Rome ou d'Athènes dans un
temps où les autres commencent à peine à les
épeler, s'être familiarisé avec les anciens au
point de compter, jusqu'en Allemagne même,
parmi les plus grands philologues, à un âge où
les mieux doués n'ont pas encore dit adieu à
leurs premiers jeux, avoir à dix-sept ans écrit
sur les préjugés antiques un livre d'une effrayante
érudition, cela suppose une capacité d'intelligence, ou pour mieux dire, une puissance de
divination qui sans doute est du génie.

Tout jeune, il ne vivait que dans la société des penseurs et des poètes ; se détournant des réalités désirables dont il était environné, ses yeux s'accoutumaient aux splendeurs idéales de l'art et de la liberté ; déjà il n'écoutait plus que des héros, apprenant d'eux à penser et à mourir, lorsqu'il aurait dû partager encore les gaietés et les ignorances de ceux de son âge, vivre sous le ciel, courir dans les campagnes et dans les bois, insouciant, livré aux illusions de l'adolescence, aux doux mensonges de l'espérance et de la jeunesse, demandant à toute chose le bonheur avec l'adorable présomption et la charmante stupidité de la dix-huitième année.

Au lieu d'être nourri comme nous de lait et de contes de fées, d'apprendre des mots et de lire des romans, il approcha, sans que nul le retint, ses lèvres encore vierges du breuvage de l'antiquité, et il y but, non l'ivresse et la folie, mais la mort. Car il ne s'amusa point, comme tant de nous l'ont fait, à rêver la reconstruction des républiques anéanties, le retour des grandeurs disparues, l'imitation des vertus mythologiques ; il comprit que ces choses n'étaient plus de ce monde. Mais, comparant la société qu'il songeait avec la société qu'il touchait, il reconnut que celle-ci n'était pas faite pour lui et il se sentit dans un éternel exil.

Il n'avait pas eu l'heureuse chance de rencontrer assez tôt des pédants ineptes pour le guérir de cette dangereuse admiration en lui gâtant l'antiquité; il ne vit pas la Grèce et Rome au faux jour des écoles. Il y entra de plain pied, hardiment, comme sur un sol qui était à lui. Trop précoce, ce culte des génies, auxquels s'était allumé le sein, lui fut une torture au lieu de lui être une consolation, car jamais il ne put s'absorber dans les souvenirs, il ne put et il ne voulut pas confondre le rêve avec la vie; les livres ne remplacèrent pas pour lui l'action.

Tout autour de lui, médiocre et grossier, le heurtait, l'humiliait, le faisait souffrir. Si son père le comte Monaldo Leopardi se fût aperçu de la faveur qui lui était échue de donner le jour à un homme de génie, il en aurait été plus irrité sans doute qu'enorgueilli. Ce vieillard n'avait de la paternité que le despotisme, et du gentilhomme que la hauteur; du reste, à la fois rude et craintif, d'instinct il respectait l'autorité et détestait la lumière; auprès de la riche bibliothèque seigneuriale réunie par quelqu'un de ses ancêtres du temps de Léon X, de Bembo et d'Ange Politien, il conservait par devoir sa précieuse ignorance; il aurait voulu qu'on n'écrivît que sur des sujets datant du siècle d'Aaron et

des livres qui auraient résisté même à la Sainte
Inquisition espagnole. S'il tolérait les longues
séances de Giacomo parmi ces bouquins, c'est
qu'ils lui paraissaient entre les mains de son
fils un jouet sans danger, c'est qu'il voyait dans
Giacomo un enfant mal venu, destiné à n'être
jamais un homme.

Lorsqu'après une journée entière passée en
pleine Athènes, avec Thucydide et Aristophane,
Giacomo se retrouvait à table entre ce vieillard
moitié gentilhomme, moitié paysan, et son frère
Carolo, gros, membru et puissant, il faisait une
triste mine avec son corps grêle et transparent,
ses épaules étroites, sa face souffreteuse. N'ayant
rien à dire dans les niaiseries sérieuses qui les
occupaient, il se taisait; sa petite sœur était la
seule qui ne le méprisât point. Si parfois il
essayait quelque conversation avec son frère, on
le renvoyait en souriant à Miltiade et à Platon;
ou bien, il en naissait d'interminables discus-
sions, qui, apaisées par des officieux, renais-
saient plus aigres chaque jour: de quoi? de tout
ce qui peut séparer une âme indépendante et
généreuse d'une nature pusillanime et égoïste,
des enthousiasmes de Giacomo et des ignorances
de Carolo, surtout du peu d'amour de la patrie
que Giacomo trouvait chez son frère, du mépris
de celui-ci pour les anciens, de ses préférences

pour les étrangers, de son engouement pour les Français.

Sous l'impulsion irrésistible de sa tendance native vers le grand et des secrètes paroles que lui murmuraient les anciens, seuls conseillers qu'il eût et qui ne lui infligeassent pas leurs dédains, à son insu, Leopardi faisait, en pleurant sur les abaissements de l'Italie et en balbutiant le nom de patrie, une chose que les pères de nos jours, sages et positifs, ont prudemment bannie de l'éducation de la jeunesse, et que le vieux comte Monaldo devait sévèrement réprimer : il faisait de la politique. Du fond de l'abîme, où gisait la patrie avilie et muette, quelques voix s'élevaient déjà, qui lui rappelaient ses grandeurs passées. Dante revenait encore une fois de l'enfer pour apporter des conseils et des menaces, et d'une voix jeune mais puissante Leopardi excitait, en des vers enflammés, ses compatriotes à élever, avec lui, au vieux gibelin son premier monument. Un ami inconnu répondait en saluant l'auteur du nom de poète des carbonari. Mais, ô fortune ennemie! la lettre et le malencontreux compliment, détournés de leur adresse, étaient pour le père épouvanté un trait de lumière, et lui manifestaient un avenir imminent de honte pour son fils et pour son nom.

De ce moment, Leopardi, frémissant sous

l'œil irrité de l'austère gentilhomme, se sentit gardé à vue, tenu en chartre privée, traité en enfant rebelle; il reçut la première leçon de lâcheté de qui devait lui enseigner l'honneur; la première injustice lui vint de la main qui lui devait protection; il fut prisonnier au milieu de sa famille, et deux haines entrèrent à la fois dans son âme, celle de la maison paternelle et celle de la ville natale.

C'est pourtant une jolie ville que Recanati. Il semble qu'un poète et un ermite la choisiraient volontiers pour retraite. D'un côté, l'Apennin projette sur elle son ombre bleue; de l'autre, l'Adriatique y envoie ses bruits lointains et ses senteurs fortifiantes; elle repose paisiblement dans son nid de campagnes fleuries, parmi les oliviers et les fougères, entre la montagne et la mer, c'est-à-dire entre la stabilité éternelle et l'agitation éternelle. Un jour vint où ces beautés devinrent pour Leopardi autant de laideurs; ces maisons régulières et ces rues pleines de soleil lui firent l'effet d'un cachot; il ne vit plus qu'avec ennui la cathédrale et sa belle vierge de bronze; il éprouva un amer dégoût au spectacle édifiant des pieux pèlerins en haillons, qui chaque jour traversent Recanati par bandes nombreuses pour aller chercher en mendiant et en volant des indulgences à Loreto.

Qui sait? s'il était né dans une capitale, à Naples ou à Milan, peut-être se serait-il fatigué du tumulte et de la vie superficielle des grandes villes, comme il se fatiguait du silence de Recanati, cette ville où il n'y avait ni vices ni vertus, capitale de pauvres et de bandits; peut-être du milieu de la foule brillante qui remplit *San Carlo*, ou parmi les équipages qui inondent, un jour de fête, la *Corsia Orientale*, aurait-il soupiré après quelque pays perdu dans la montagne, où il n'eût eu pour compagnie que les arbres et les oiseaux. Cela, certes, est très possible; car il était de ceux que les objets matériels fatiguent au lieu de les captiver, et ne peuvent arrêter dans leur course à la poursuite de l'introuvable. Mais sans doute l'ennui serait venu moins vite dans une de ces grandes villes, où quelque chose le poussait alors. Était-ce le besoin de voir, en interrogeant les autres, si vraiment son patriotisme, sa philosophie, sa science n'étaient que de puériles bagatelles? Était-ce une vague curiosité de toucher du doigt le néant des splendeurs humaines? Ou bien espérait-il encore, en enfant qu'il était, qu'un hasard le placerait par quelque coup imprévu dans des circonstances où il pût être Thasybule ou Brutus? Se figurait-il que la vie n'avait pas partout la même petitesse, la même monotonie qu'à Recanati, et

recélait-il quelque part une mine non encore
épuisée de volontés généreuses?

Il connut encore, je le crois, quelque autre
douleur plus intelligible et plus commune. Il
aima d'un amour malheureux qui approfondit
encore la plaie qui était en lui, amour inavoué,
repoussé, trompé, impossible peut-être, on ne
saurait dire lequel; car c'est un mal dont il y a
mille manières de souffrir. Comment faut-il
comprendre cette poésie sombre sur son premier
amour, qui scandalisa son père (de quoi ne
se scandalisait-il pas?) par des allusions trop
claires? Leopardi a dans ses lettres de ce temps
des sévérités pour les femmes qui autorisent
tous les soupçons. Mais c'est l'erreur ordinaire
des jeunes gens de prononcer trop vite et de
généraliser une première expérience doulou-
reuse; ces juges imberbes sont impitoyables,
et, pour une mauvaise rencontre qu'ils auront
faite au début, ils déclarent avec une précipitation d'enfant les femmes pleines d'ambition,
d'intérêt, de perfidie, d'insensibilité. Leopardi
les définit plus brièvement : *un animale senza
cuore*. Ils ont raison peut-être, mais ils devraient
attendre.

Enfin, à vingt ans à peine, Leopardi est
décrépit et usé; il parle de lui comme d'un
mort, et ce n'est pas affectation romanesque et

ridicule. A vrai dire, naître avec une intelligence prodigieuse au lieu d'être un idiot, dans une maison riche et titrée et non dans une famille esclave de la glèbe ou flétrie par la misère, féconder son esprit au lieu de labourer la terre, vivre sous un ciel ravissant et poétique au lieu d'être condamné à subir les rigueurs du pôle ou des tropiques, et même avoir été trompé ou dédaigné par sa maîtresse, il n'y a pas dans tout cela de quoi se désespérer; tous les jours on se console de malheurs plus grands que ceux que je viens d'énumérer. Mais il faut avoir le don d'oublier et d'ignorer, véritable et unique recette pour être content: Leopardi ne l'avait pas.

Ce mal de l'âme, qui décompose le corps, ce mal que les médecins appellent successivement de tous les noms, faute de pouvoir lui donner le vrai, c'était celui de Leopardi. Il portait en lui dès le premier jour l'hôte qui devait le tuer. Soit qu'il crût pouvoir s'en défaire, soit que, ne le croyant pas, il voulût du moins le fatiguer par des courses sans fin, il se mit, dès qu'il put quitter Recanati, à aller de ville en ville, essayant de tout, fuyant l'ennui, le dégoût, la persécution du ciel et des hommes, et parfois, après avoir erré longtemps à travers le désert du monde, revenant dans son désert natal pour le quitter encore.

Il commence par Rome, il y entre avec un battement de cœur. Et le voilà, lui, le nourrisson des héros, le familier d'Homère, de Sophocle, de Xénophon, de Plutarque, de Virgile, perdu dans cet océan d'hypocrisies et de frivolités ; à la place de sa solitude d'hier, il a pour supplice nouveau les conversations stupides d'un monde fainéant. Une grande chose occupe aujourd'hui la capitale du monde chrétien. Quoi donc ? l'érection de quelque autel privilégié. Demain la ville est occupée d'une nouvelle merveilleuse : c'est la belle voix d'un prélat, c'est sa bonne façon de chanter la messe ; on se demande dans les cercles comment il a pu arriver à cette perfection, jusqu'à ce que le prélat, révélant ce mystère, réponde modestement : « Par l'exercice. » Bientôt il s'écarte avec horreur ; il promène son ennui parmi les ronces de Saint-Jean-de-Latran, il erre dans les rues de Rome ; mais il a partout des visions indignées ; les ruines lui parlent, et il en entend sortir des malédictions contre la race avilie qui les déshonore. Les savants le recherchent, et il les voit éblouis de son génie ; mais l'admiration d'un Niebuhr lui-même ne le console pas, et il quitte Rome avec une illusion de moins et le mépris de plus.

Bientôt il est à Bologne, puis à Milan ; méconnu par son père, qui a vu dans son départ une rébellion et voit dans cette vie errante, une honte, délaissé des siens, le voilà tombé aux gages des libraires. Le seul bien qui lui reste, la liberté de l'étude, l'indépendance de l'inspiration, lui est enlevé! Jour et nuit, pour gagner le maigre salaire que l'éditeur Stella lui donne par pitié, il traduit, il commente, il discute et corrige de vieux textes, il verse à flots, dans des livres que personne ne lit et dont l'énumération seule est fatigante, une science qui étonne les Sinner, les Niebuhr, les Walz, les Boissonnade, les Thil. Pour toute distraction, il se donne le plaisir de mystifier toute la philologie européenne, en publiant, sous le nom de fragments retrouvés dans des manuscrits antiques, d'admirables morceaux dont il est l'auteur, et qui mettent en émoi le monde des érudits.

Cependant la mort, toujours à l'œuvre, creuse en lui de plus en plus. Presque épuisé, il repasse par Bologne pour aller jouir en Toscane d'un hiver plus doux.

Il est poëte, il est philosophe, il écrit en courant des chefs-d'œuvre; mais déjà l'amour de la gloire, si puissant sur son âme autrefois, est déraciné en lui par l'excès de la douleur. Il rencontre de nobles amitiés; car ce désespéré, ce mélancolique, ce misérable que le feu de la fièvre dévore et qu'agitent tous les orages de la pensée, rempli de cette indulgence qui est la grâce du génie, et d'autant plus inoffensif que son intelligence est plus vaste, gagne sans le vouloir tous les cœurs. Il est mort aimé de tous, quoique abandonné; il avait encore dans la main, sans qu'un seul se fût brisé ni relâché, les fils qu'il avait noués sous tous les toits où il était entré. Mais ni l'amitié ni la gloire ne pouvaient plus rien pour assoupir ses souffrances.

Chaque hiver, il jaunit, il sèche, il reste immobile et flétri, ne vivant plus que d'une vie toute centrale, comme un arbrisseau. Le feu dans la cervelle, mais un feu infernal et violent, chaque printemps il s'apaise et reverdit.

Bientôt ce printemps lui-même est trop froid, et il lui faut un soleil plus ardent pour le ranimer. Pauvre, condamné aux privations, portant sur ses épaules courbées avant l'âge le fardeau accumulé de ses espérances déçues, de son patriotisme désolé, des oppressions qui pèsent sur l'Italie et sur lui, il se traîne péniblement de Florence à Rome, de Rome à Naples, et, à mesure qu'il avance dans la vie, c'est-à-dire qu'il enfonce dans la douleur, sa pensée monte plus virile et plus sereine, bien que plus attristée, car cette tristesse ne ressemble pas aux molles lamentations qui énervent ; elle n'est que le reflet éclatant et sombre de la vérité intrépidement regardée en face.

Son existence est devenue désormais un supplice d'une effrayante uniformité. Ses maladies ont enfin des noms : elles s'appellent la phtisie impitoyable, l'hydropisie, les scrofules, ce que le vocabulaire médical a de plus atroce. Les os ramollis ne soutiennent plus la frêle machine ; la flamme écrase le flambeau. Les chairs fondues laissent voir tout un squelette à travers une peau ridée, terne et brûlante. Les poumons ne se dilatent plus dans leur prison rétrécie ; le cœur, gonflé de lymphe, n'a que des battements rares, pénibles et irréguliers ; le sang coule incolore et languissant dans ses canaux engorgés. Comme une éponge, le cerveau a bu toutes les forces vitales et Leopardi peut contempler vivant le cadavre en liquéfaction auquel il a plu à la nature d'enchaîner son génie.

Leopardi pouvait dérober à la nature sa proie ; il ne le voulut pas, parce qu'il était résolu à la lasser, parce qu'il mettait un orgueil, qui fut une des rares joies de sa vie, à mesurer contre elle les gigantesques forces qu'elle lui avait données pour souffrir. Il ne se tua pas ; il voulait vaincre son bourreau, et il le vainquit ; il fallut que celui-ci l'achevât sans lui avoir fait baisser la tête ni crier une seule fois merci.

Dans les derniers temps, pris au double filet du dénuement et de la maladie, réduit à cet état où l'énergie survivant aux organes est inutile, Leopardi s'adressa à son père, et, ne pouvant plus gagner sa vie, il lui demanda vingt-quatre écus par mois pour rester à Naples et ne pas mourir de faim. Cette démarche ne coûta rien à sa fierté, il n'y mit point d'amertume ni de menace ; il la fit sans aimer la vie, simplement parce qu'en cette extrémité le silence lui paraissait un suicide. Le comte Monaldo Leopardi ne répondit point ; il ne voulait pas apparemment encourager par un lâche secours le vagabondage d'un tel fils. Ce fils fut satisfait.

Sans l'avoir cherché, il trouva pourtant un jeune homme, enthousiaste de son génie [1], qui épargna du moins à son agonie les laideurs de la misère et sauva son cadavre des outrages de la tombe banale. Le choléra sévissait à Naples, ce fut lui qui l'affranchit. Les restes de Leopardi, jetés parmi la foule des morts sans nom, allaient disparaître, quand l'ami dont j'ai parlé tira ce corps misérable du tas où il était perdu, et lui

---

[1] M. Antonio Ranieri, aujourd'hui avocat du gouvernement italien à Naples.

donna à Pouzzoles un abri digne de l'âme qu'il avait emprisonnée.

Chose étrange, l'homme qui inspira ce culte plus que filial, qui laissa partout des amis, et quels amis! ce que l'Italie avait de meilleur, Giordani, Niccollini, Frullani, Gino Capponi, avait écrit de sinistres paroles sur l'illusion des amitiés humaines. Pourquoi? Etait-ce injustice et ingratitude? ou bien, incapable de se contenter de rien d'imparfait, et douloureusement sensible aux plus légers froissements, son imagination ne lui flétrissait-elle pas toutes les amitiés réelles, en lui présentant sans cesse l'idée d'une autre amitié, exempte de ces taches inévitables, de ces imperceptibles lâchetés contenues dans un mot ou dans un silence, de ces petites envies secrètes, de ces trahisons momentanées, de toutes ces ombres inaperçues qui passent sur l'amitié la plus pure, et dont les sages, comme tous les autres, prennent leur part? Ces dures paroles n'effarouchèrent pas les amis de Leopardi; ils n'eurent pas besoin de les oublier ni de les pardonner, et il leur suffit de se rappeler cette noblesse d'âme et cette hauteur d'intelligence qu'ils avaient admirées pour ne voir là que le cri d'un cœur tourmenté d'idéal ou l'expression inexorable de l'universelle vérité. Il s'en rencontra un ou deux, les plus philosophes sans doute, qui se dirent entre eux, afin de l'excuser, ce que l'écrivain de l'*Hespérus* avait dit pour nous préserver des noires influences qui émanent des ouvrages de Leopardi : « Il était malade. »

Ce mot est comme ces poisons qui tuent l'homme et qui embaument le cadavre; il met un auteur au ban de la discussion, mais il excuse ses plus grands écarts; par lui le sophisme devient divagation. Il ôte jusqu'à l'envie de chercher la moindre parcelle de vérité dans les assertions les mieux démontrées.

Leopardi était malade, ses écrits le prouvent mieux encore que sa vie.

Premièrement, un écrivain, sain d'esprit et de corps, se propose une fin sérieuse et positive, la gloire ou l'argent, et, comme but subsidaire, ou plutôt comme moyen d'atteindre le but principal, il se propose d'amuser ou d'instruire ses semblables; de les amuser, c'est-à-dire de leur conter, sous le nom de romans ou sous tout autre, d'aimables mensonges qui leur font le plus possible oublier la vérité; de les instruire, c'est-à-dire de leur répéter solennellement toutes les propositions rassurantes et consolantes dont ils sont déjà persuadés.

Ensuite, comme il est impossible de parler pour tout le monde à la fois et qu'il serait absurde de l'essayer, un sage écrivain s'adresse exclusivement à un parti; il en épouse les idées, et de cette manière il est sûr d'avoir des adhérents, des prôneurs, un public. En même temps sa notoriété s'étendra jusque dans les partis adverses, car il existe un droit des gens littéraire, selon lequel les écrivains ennemis admettent ponctuellement leurs lettres de créance, traitent ensemble de princes à princes, et se reconnaissent tout en s'injuriant.

Mais qu'un fou s'avise de manifester la vérité brutalement, sans l'adoucir au moins, et sans examiner si elle ne dérange pas tel plan ou ne contrarie pas tel parti, il n'y a rien d'aussi dangereux. Quel fonds pourrez-vous faire sur ses services? S'il vous est utile aujourd'hui, qui vous assure que demain il n'ira pas, sous prétexte de vérité, vous jeter malencontreusement quelque proposition gênante, qui fera les affaires de vos ennemis?

Pas un lecteur ne soutiendra, je pense, que Leopardi a jamais voulu ni espéré convertir personne par ses écrits; aussi n'a-t-il pas un seul jour compté sur le succès. Il cherchait la vérité et il la disait crûment, sans l'envelopper de voiles attrayants; il la cherchait non par amour, mais par haine, la sachant laide à voir, maussade, hargneuse, *fantôme à effrayer les gens.*

Il n'ignorait pas que le public en gros se moque de la vérité, pourvu qu'on l'amuse, et que les diverses écoles, factions, coteries, dans lesquelles se divise la société, ne s'en soucient pas davantage, pourvu qu'on flatte leurs sentiments, qu'on serve leurs idées, qu'on enfourche leur dada. Pourquoi donc écrivait-il? Pour le plaisir profond de se démasquer à lui-même dans toute son étendue la scélératesse de la nature.

Voilà comment Leopardi, faute d'avoir contribué par d'utiles ouvrages au triomphe d'aucune cause et à l'avancement de l'humanité, s'est attiré tant d'anathèmes. Il a eu beau être doux comme un enfant, bienveillant comme s'il eût été heureux, il a eu beau ne faire aucun usage du redoutable aiguillon dont la nature l'avait armé, si ce n'est pour le retourner contre la nature elle-même, cette bonté n'a pas écarté de lui les colères des gens de bien de tous les partis. Il a été foudroyé d'accusations contraires, mais auxquelles il n'est pas toujours facile de répondre.

On l'a accusé d'impiété, et il faut avouer qu'il ne se prononce nulle part d'une manière bien claire sur les mystères de notre sainte religion : silence très suspect. Il a négligé pareillement de mettre partout ses paroles d'accord avec les incontestables dogmes de la religion naturelle, dont il ne parle pas. Mais l'hérésie la plus grave, celle dont il ne se relèvera pas, c'est qu'oubliant que Dieu, après avoir créé le monde, regarda son œuvre avec complaisance et fut content de lui, Leopardi n'a pas craint de trouver la création mauvaise, sans prétendre du reste qu'elle dût être meilleure : le pot crie qu'il souffre sans se plaindre du potier.

Quant au matérialisme qu'on lui a reproché, c'est un point sur lequel je n'aurai, vu mon ignorance, la hardiesse de le défendre ; il vaut mieux en croire les spiritualistes, personne ne sachant aussi bien qu'eux ce que c'est que la matière et que le matérialisme ; aussi je ne manquerai pas de consulter là-dessus un spiritualiste de mes amis, candidat futur à l'Institut, auquel il vient de présenter un essai sur l'âme des bêtes, qui sera certainement une des plus belles applications de la méthode psychologique. Je m'abstiens en attendant ; car, en ces questions subtiles, la langue bronche aisément, et chaque faux pas est mortel. Ce que je puis dire, c'est que Leopardi ne se défend pas plus contre cette imputation que contre aucune autre : oubli regrettable, et symptôme infaillible.

Les hommes de progrès n'ont pas épargné non

plus Leopardi. Que lui ont-ils reproché? Une faute grave, celle de n'être pas avec eux puisqu'il niait le progrès; et avec l'esprit de tolérance qui respire dans cette maxime aussi admirable qu'intelligente : « qui ne se déclare pas pour nous est contre nous », ils l'ont traité en ennemi, cet altéré d'héroïsme, cet amant désespéré de la patrie et de la justice, et ils lui ont infligé les dernières rigueurs. Il n'y a pas à revenir sur cette sentence des impeccables, et il faut en croire ces recruteurs violents des soldats de la bonne cause, qui dénoncent comme réfractaires ceux qu'ils n'ont pas pu surprendre et comme transfuges tant d'hommes qu'ils n'ont jamais enrôlés.

Le dirai-je cependant, il me semble que le pessimisme de Leopardi, qui tourne les yeux vers le passé, est un cordial fortifiant; il dilate toutes les veines généreuses du cœur, il en fait jaillir les haines fécondes et les amours sacrées, tandis que les sermons sur le progrès, les panégyriques de la nature humaine, les apophtegmes sur l'efficacité de la foi, les invocations à l'avenir assoupissent, après avoir quelque temps irrité, comme le tic tac monotone d'un moulin.

Une profession de foi, si courte qu'elle fût, et quelques éloges adroits aux chefs du parti en Italie, auraient mis Leopardi à l'abri de ces persécutions; il n'y songea pas, et ce fut une faute. Mais tout est faute dans sa vie, jusqu'à la variété de ses talents. Pourquoi, réunissant en lui des qualités incompatibles, fut-il à la fois un grand poète, un grand philologue et un grand penseur?

S'il n'avait été que philologue, il pouvait espérer de briller un jour comme étoile de première grandeur dans quelque constellation universitaire. Après avoir, à dix-sept ans, contribué avec les Fix, les Hase et les Dendorf, au Trésor de la langue grecque, dont les Didot allaient publier une nouvelle édition, il devait être enfin professeur à Pise, à Bologne, à Pavie, à moins que l'Allemagne ne parvînt, comme elle y pensait, à l'enlever à l'Italie. Mais on ne sut que faire, cela se conçoit, d'un philologue qui avait la faiblesse de penser, et qui perdait son temps à composer des hymnes.

Philosophe, il pouvait encore se faire admettre dans le monde savant, pourvu toutefois qu'il eût écrit un livre de proportions honnêtes, convenablement systématique, ordonné avec sagesse, et surtout entouré d'un appareil technique, fossés, bastions, angles et contrescarpes, qui en protégeât, comme il faut, les idées et les séductions contre l'accès du vulgaire. Mais quoi? il écrivait des feuilles éparses, des morceaux de dix pages, sous des formes originales, et qui ne sentent aucunement l'école. Est-ce respecter la philosophie, cela? aussi lui advint-il qu'un éditeur voulut publier ses dialogues dans une collection d'œuvres légères, dédiée aux dames. Vainement Leopardi, sentant qu'il n'avait pas droit à un tel honneur, soutint que ses dialogues étaient de la métaphysique la plus rude; on n'y voyait que des fantaisies amusantes, et on se moquait de sa modestie. Il n'aurait pas échappé à l'humiliation de paraître dans une *Bibliothèque des boudoirs*, si l'éditeur, qui avait la vue bonne, n'eût découvert à temps un passage équivoque, que pouvait juger malsonnant, non pas la congrégation de l'Index, mais la congrégation des journalistes. C'est une profession sur laquelle il est très bon de se taire, à moins qu'on ne la vante. Leopardi, au lieu de lui rendre un hommage discret, laisse échapper à propos d'elle un mot dédaigneux, qui prouverait sa prodigieuse maladresse s'il ne prouvait son mépris de la gloire.

Mépris tardif pourtant, auquel Leopardi ne s'est résigné qu'après d'amères méditations; jeune, il aimait la gloire et se sentait fait pour elle. Mais sa gloire, s'il en avait une, n'aurait qu'un éclat étrange et solitaire. Leopardi ne fait partie d'aucun groupe, il ne se rattache à aucune école; l'absence complète de manière et de procédé l'exclut de toutes les classifications établies. Son expression a simplement la propriété absolue et toute la force que la pensée comporte; son langage est si parfait qu'il est inséparable du fond, comme la peau l'est du corps. Malheureusement cette nudité, qui sied au lion, à l'aigle, aux animaux indomptés qui ne portent pas de harnais, ne convient pas à l'homme; il faut que ce corps soit tatoué ou habillé; ce n'est pas assez qu'il soit vêtu, il faut aussi que son esprit ait un costume; ce costume, c'est le style, qui ne peut se passer de décorations romantiques ou d'agréments académiques. En ce sens, Leopardi n'a pas de style; il ne s'est servi de la connaissance la plus merveilleuse des secrets du langage que pour atteindre à cette simplicité qui dérobe les soudures, qui efface les intentions ingénieuses et met aux abois les amateurs de citations.

Nées des visions de l'enfance ou forgées par la crédulité, les langues humaines ne sont pas faites pour rendre la vérité; c'est ce que semblent avoir assez bien compris les théologiens, les poètes, les philosophes, les diplomates, puisqu'ils n'emploient la parole qu'à reproduire et à perpétuer les songes, les illusions, les fictions, les prestiges du premier âge. Leopardi a osé la faire servir d'organe à la vérité; témérité mortelle. Puisque, pressé par un génie impérieux et par une curiosité farouche, il était descendu jusqu'à la vérité, il devait, au lieu de publier ce qu'il avait vu, en enfouir pour jamais le secret dans son cœur. A quoi bon ces inquiétantes révélations? Le dernier des gueux se sait bon gré d'exciter l'envie; Leopardi ne prétendait pas sans doute que les hommes lui rendissent grâce de manifester si hautement leur misère.

Les vieux romans parlent d'une fontaine merveilleuse où les amoureux allaient se regarder et qui leur montrait à côté de leur image celle de l'objet qu'ils aimaient, quand ils étaient payés de retour; les amants dédaignés ou jaloux ne s'approchaient guère de ses eaux redoutées. La littérature est comme cette fontaine; le public recherche et applaudit les livres où il est sûr de voir les idées qu'il aime, de trouver les illusions dont il ne veut pas se séparer. Malheur au livre qui trompe son attente! Il le jette là avec dépit et l'oublie, — s'il peut.

II

> Mir wird von alledem so dumm
> A's ging mir ein Mühlrad im Kopfe herum.
>
> GŒTHE. *Faust.*

« Puisque, délaissant les silences du nid paternel, les rêves heureux, l'illusion matinale qui embellissait à tes yeux ce rivage désert, tu suis la destinée qui t'entraîne dans la poussière et le bruit de la vie, apprends, ma sœur, en quel âge avili le ciel avili nous a condamnés à vivre. Tu vis en des jours de deuil, tu accroîtras la famille malheureuse de la malheureuse Italie... Tu auras des fils misérables ou lâches. Choisis-les misérables. »

C'est Leopardi qui adresse à sa sœur, pour présent de noces, ce conseil plein de désolations maternelles; il y laisse échapper de son cœur saignant un cri de détresse. Prêt à sortir transfiguré du creuset douloureux, il pouvait bien sans doute, après avoir pesé ce que valent les succès humains et ce qu'ils coûtent de lâchetés, souhaiter pour ses neveux le lot du malheur; mais il ne pouvait s'empêcher de gémir en regardant derrière lui la route bordée de ronces ensanglantées, coupée d'ornières fangeuses et d'abîmes qu'ils allaient parcourir à leur tour.

Qu'est-ce qu'un mariage pour celui qui a expérimenté l'hypocrisie du destin, qui entrevoit l'ennui à l'affût et l'avenir glissant ses anneaux interminables derrière les joies du premier jour? Qu'est-ce qu'un mariage? sinon la plantation d'une nouvelle souche d'infortunés, une solennité ironique, une fête lugubre, où se mêlent à l'extase des époux et à l'ignorante allégresse des conviés les ricanements de la nature encore une fois victorieuse. La nature, qui ne veut que durer, a le droit de sourire à l'approche des semailles qui s'apprêtent. Mais le sage n'a que des prévisions mélancoliques, et au lieu de l'hymne à la génération que chante sous toutes les formes, autour du lit nuptial, la tradition aveugle, il entonnerait plutôt les nénies des funérailles.

Il avait pourtant aimé, le poète infortuné qui prononçait une si redoutable prophétie. La nature ne lui avait pas refusé ce qu'elle accorde au dernier des goujats; il avait approché ses lèvres de la coupe irrésistible. Il ne goûta qu'une seule fois de cette ambroisie mortelle; mais, bien qu'il l'eût trouvée amère, le souvenir en survécut à tout dans son âme, et elle en resta parfumée pour jamais. Aussi, en composant ce sombre épithalame, du moins il ne blasphémait pas l'amour. L'amour est un songe qui s'évanouit au jour, mais un songe si doux que pour le prolonger les hommes consentiraient avec joie à l'éternelle nuit. Hélas! les antiques idoles ne sont plus, la poussière de leurs débris couvre le sol où nous marchons; les buts qui, naguère, pouvaient passionner la jeunesse ont disparu dans les tempêtes; les plus belles chimères, traînées dans les carrefours par d'ignobles mascarades, sont devenues un objet de dérision. L'amour est le seul appât offert à ceux qui entrent maintenant dans ce monde dévasté.

Il m'est arrivé cependant de rencontrer un homme assez audacieux pour porter la main sur ce dernier fantôme. Chaque fois que ses paroles me reviennent à la mémoire, un frisson, que je connais bien, me parcourt de la tête aux pieds, comme si un souffle glacé sortait de la porte entr'ouverte du néant. Je me souvins, lorsque cet homme parlait, du lamentable adieu que Leopardi jetait à sa sœur sur le seuil du mariage; mais, en ce moment, cet adieu me parut presque joyeux auprès des discours que j'entendais. Oui, Leopardi lui-même aurait soutenu la réalité de l'amour; il aurait défendu contre les sacrilèges exorcismes de ce vieillard sans pitié l'universelle chimère. Je compris alors que le poète le plus hardi a le cœur timide quand il s'agit de toucher à l'arche suprême, et qu'il faut la main d'un philosophe pour consommer de certaines profanations.

Je n'oublierai jamais la soirée où je fis cette rencontre. C'était dans la brasserie la plus noire de Francfort, où j'errais depuis deux jours, ayant peine à me soustraire aux pensées qui obsèdent un promeneur désœuvré dans cette ville des banquiers et des alchimistes, des juifs et des empereurs, des parlements et des émeutes, de Gœthe et de Faust. Je vois encore la salle immense au fond de laquelle nous étions attablés. La lueur des quinquets, suspendus à la muraille, nous arrivait de loin, à travers une sorte de vapeur rougeâtre, chaude et pesante. Cette salle était remplie de monde; les plaisanteries et les rires des buveurs éclataient autour de nous; je voyais partout une apparence de gaieté que rendait presque effrayante l'étrange contrainte des pensées sombres qui nous occupaient. Le vieil Allemand, dont le hasard m'avait rapproché et qui, d'ordinaire silencieux, trouvait bon ce jour-là d'essayer sur moi l'enchantement satanique de ses raisonnements, parlait dans ce tapage d'une voix tranquille et basse. Son regard respirait le calme de la certitude, obtenue par une méditation de quarante ans. Sur son front large et transparent brillait la sérénité impassible du juste assoupi dans sa foi. Il n'était ni morose ni enjoué, il semblait n'avoir jamais ni haï ni aimé. Seulement, un bel épagneul couché à ses pieds, la tête sur son genou, ouvrait les yeux de temps en temps pour demander une caresse. Alors le vieil Allemand passait sa main sur le dos du chien avec une affection prodigieusement outrageante pour les hommes.

Ses paroles, interrompues par d'assez longs silences et par des redoublements de bruit, m'arrivant à travers le cliquetis des verres et la fumée des pipes, m'étourdissaient comme de l'absinthe et en même temps me tenaient enchaîné comme par un cauchemar. Je voulais partir ; mais je prenais un poignant intérêt à le voir déchirer un à un tous les voiles. L'anathème, prononcé d'une voix sans émotion, s'étendait peu à peu sur tout ce que j'avais cru et adoré ; il enveloppait de ses cercles toujours grandissants les femmes, le mariage, la nature, l'amour. Le saint des saints était livré à mes regards profanes, et me montrait, à la place du dieu jeune et charmant dont les yeux armés de flèches enflammées embrasent tous les cœurs, un triste automate chargé de pourvoir à la perpétuité de l'espèce.

Je puis dire que je combattis vaillamment ce terrible raisonnement. Je sentais la stupeur me gagner à mesure que je le suivais dans le vide, dont il reculait de plus en plus devant moi les mornes horizons ; elle paralysait peu à peu ma pensée, mais je résistais encore. J'attestais, pour lui prouver la réalité sainte de l'amour, et les dévouements qu'il inspire, et les sublimes métamorphoses qu'il opère dans le plus vulgaire des hommes ; j'en appelais aux aveux qui remplissent les livres et à sa propre histoire. J'évoquais à mon esprit le souvenir des amours que j'avais éprouvées, l'image du pur enthousiasme dont j'avais été témoin.

Je lui demandai, enfin, s'il n'avait jamais observé un jeune homme et une jeune fille mis en présence au moment précis où leurs cœurs soudainement épanouis lancent l'un vers l'autre de chastes effluves, avant que rien encore n'ait terni leur fraîcheur printanière, ni le mensonge, ni le désenchantement, ni l'impertinence, ni la coquetterie. Quel douteur osera dire que ce n'est pas un dieu qui s'éveille en eux ? Dès la première minute, sans s'être regardés, ils se sont vus, considérés, connus jusque dans les nuances les plus cachées. Un frémissement invisible, leur silence, leur voix hésitante, l'embarras charmant de leur attitude, tout dénonce qu'ils sont livrés à une contemplation intérieure profonde. Pourquoi sont-ils tout à coup effrayés et inquiets ? Ils ne sauraient dire eux-mêmes s'ils sont ennemis ou complices, s'ils s'appellent ou s'ils se redoutent, si ce qui les entoure est un rempart salutaire ou un obstacle. Mais une puissance vraiment divine prend possession d'eux en cet instant. Ils obéissent éperdus à une apparition de l'idéal qui les appelle dans une région ignorée. Un dialogue s'élève entre leurs deux cœurs, dialogue sans paroles qu'eux seuls entendent, mais qui enchanterait l'oreille des anges. Du fond de leur âme, qu'un foyer resplendissant inonde de clartés inaccoutumées, monte dans une nuée d'encens une prière incertaine, une aspiration craintive et religieuse à des félicités infinies. L'amour, c'est le ciel.

L'Allemand me répondit :

« L'amour, c'est le mal. Ce trouble, qui vous ravit, ce sérieux, ce silence, c'est une méditation du génie de l'espèce.

« L'adolescent, prêt à mourir pour celle qu'il aime, dont le fier regard n'a que des éclairs généreux, la vierge, qui marche dans sa grâce comme dans une aurore, revêtue d'une beauté *qui fait murmurer entre eux les vieillards comme des cigales* et tomber à genoux tout ce qui porte un cœur d'homme, ce sont deux machines dans les mains de ce génie impérieux.

« Il n'a qu'une pensée, pensée positive et sans poésie, c'est la durée du genre humain. Admirez, si vous le voulez, ses procédés ; mais n'oubliez pas qu'il ne songe qu'à combler les vides, à réparer les brèches, à maintenir l'équilibre entre les provisions et la dépense, à tenir toujours largement peuplée l'étable où la douleur et la mort vont recruter leurs victimes.

« Faites de l'amour un luxe et un passe-temps, et traitez-le en artistes. Le génie de l'espèce est un industriel qui ne veut que produire. C'est pour cela qu'avant de rapprocher les rouages de la machine, il observe si soigneusement leurs propriétés, leurs combinaisons, leurs réactions, leurs antipathies.

« Voilà sa pensée permanente, tous les mouvements de l'individu et de l'humanité ne servent qu'à cela. Hommes et femmes vont, tant que la vieillesse ne les a pas réduits à une existence presque végétale, livrés incessamment à la poursuite infatigable du compagnon qui leur convient. Le passant et la femme inconnue qui échangent un coup d'œil en se coudoyant dans la rue, ceux et celles qui se lorgnent de loin au spectacle, l'homme du peuple qui lève les yeux vers les impératrices, la grande dame dont les

regards tombent sur quelque pauvre diable et le
trouvent bien fait (vos Françaises en convenaient
sans bégueulerie au temps de Mme de Montba-
zon), tous sont menés par le même instinct,
tous obéissent à la même prescription mysté-
rieuse.

« Le soir, quand les femmes passent effarées
dans les ténèbres et que je ne sais quelle curiosité d'aventures vous chasse du logis, le matin
à l'heure où le sage Fontenelle pensait quelquefois au mariage, la nuit dans vos songes insoumis, cet instinct agit sur vous. Au fond de toutes
les affaires et de tous les labeurs cette pensée
veille. Le manœuvre travaille des heures et
des semaines et des mois, pour être homme de
loisir tout un jour et recommencer la recherche
vingt fois essayée de l'objet désiré.

« Les moralistes austères maudiront cette
concupiscence brutale. Les poètes parleront
d'âmes prédestinées et d'attractions inexplica-
bles. Platon racontera que, dans les temps où
les hommes étaient androgynes, Jupiter, irrité
contre eux, les dédoubla, que, pour rabaisser
leur orgueil, il les fendit en deux comme des
soles, et que, depuis lors, chacun court après la
moitié qu'il a perdue jusqu'à ce qu'il l'ait re-
trouvée. Mais les poètes sont des songe-creux,
les moralistes sont des ânes, et Platon se moque

de nous. Les hommes ne sont mus ni par des convoitises dépravées, ni par un attrait divin; ils travaillent sans le savoir pour le génie de l'espèce; ils en sont tout à la fois les courtiers, les instruments et les dupes. Il ne faut pas moins que cette continuelle préoccupation des individus, ce va-et-vient qui multiplie pour eux les rencontres et rapproche les plus éloignés, cette poursuite ardente que les erreurs ou les illusions ne déconcertent pas, ces choix quelquefois bizarres, ce croisement prodigieux des lignées et des races pour que l'humanité subsiste au milieu des dangers qui l'assiègent, guerres, maladies, misères, et qu'elle ne subisse pas, sous l'action de mille causes destructives, un prompt dépérissement ou une dégénération fatale. Ce qui paraît débauche et perte de temps est le moyen nécessaire pour atteindre la fin dont les agitations humaines, l'industrie, la politique et les arts ne font que préparer ou protéger l'accomplissement.

« Gardez-vous de partager l'erreur de ceux qui s'arrêtent aux apparences. J'en conviens, la nature, uniquement attentive à la perpétuité des générations et qui broie les individus comme des atomes, leur cache adroitement son jeu. Elle a l'air de leur avoir ménagé une suprême consolation, et d'avoir mis dans l'amour la compensation plus que suffisante de toutes les douleurs. Pas un seul qui ne soit prêt à la bénir, quand il aime et qu'il est aimé; elle a un adorateur en chaque amoureux.

« La nature est proclamée, par tous ceux qui aiment, sacrée, bienfaisante, infaillible, au-dessus des lois; ils lui obéissent avec un fanatisme qui ne connaîtrait ni frein, ni obstacle, si les codes, les religions, l'opinion des sages n'y avaient mis bon ordre. Encore tous ces obstacles, devoir, pudeur, honneur, respect des familles et des droits d'autrui, qui forment autour de chacun de nous un tissu si solide et si serré, ne sont-ils presque toujours que des toiles d'araignées, que l'amour déchire et traverse pour atteindre son but.

« Quand les tortures les plus aiguës que l'homme puisse endurer ont épuisé ses yeux de larmes, brisé, désespéré, plutôt que d'accuser l'amour et d'y renoncer, il accusera l'univers entier ligué contre les amoureux. Il affrontera les injustices de l'opinion, il protestera contre la tyrannie des institutions, il maudira l'égoïsme et la folie des parents. Et, contradiction étrange, si ces amants obstinés encourent pendant leur vie le blâme des gens sages, leur histoire, racontée par les romanciers ou par les poètes tragiques, sera écoutée des plus sévères avec des sanglots.

« Il a fallu, pour connaître le vrai coupable, qu'un indiscret, comme moi, accoutumé aux trahisons de la nature, et qui l'a prise cent fois sur le fait au moment où elle sacrifiait à ses propres vues quelque misérable, éventât ses pièges et vînt révéler à tous ses cruels stratagèmes. Nul ne m'a entendu. Vous, écoutez-moi !

« L'amour est pour vous une religion ; vous croyez, en aimant, pratiquer le culte de la beauté, et entrer dans les concerts célestes. Ne vous enivrez pas de mots : non, vous résolvez à votre insu un problème d'harmonies physiologiques, et vous opérez instinctivement la meilleure combinaison possible de qualités relatives dans l'excellence des produits.

« Une bouche souriante, qui vous découvre de belles dents, vous fait rêver tout un jour ; c'est que la beauté des dents, qui joue un rôle si capital dans l'économie comme condition de l'accomplissement des fonctions digestives, est d'ailleurs éminemment héréditaire. Une jambe élégante et un joli pied vous jettent dans de dangereuses émotions ; ne croyez pas que ce soit parce que des jambes de Diane sur des pieds bien faits sont, selon le mot de Jésus Sirach, comme des colonnes d'or sur des bases d'argent : c'est parce que la plus grande petitesse du tarse et du métatarse distingue l'homme et la femme entre tous leurs frères du règne animal. Une bouche fine et l'ovale exquis du visage vous ravissent : c'est que l'étroitesse des mâchoires est caractéristique de la face humaine. Un menton fuyant vous déplaît : c'est que la saillie du menton, *mentum prominiculum*, est un trait exclusif de la race humaine. Je ne dis rien des contrastes de complexion, de tempérament, de taille, de qualités morales, qui seuls empêchent l'humanité de se scinder en quelques légions de nains et de géants, de bruns et de blonds, de sanguins et de nerveux, de natures éthérées et de natures matérielles, destinées à périr par l'effet prolongé de leurs propres imperfections ou à s'exterminer réciproquement.

« C'est une femme, Diotime, qui avait enseigné à Socrate la science de l'amour spirituel ; c'est Socrate, le divin Socrate, qui, pour éterniser à son aise la douleur de la terre, a transmis au monde par ses disciples cette science funeste. Certes, les femmes ont accompli une chose merveilleuse lorsqu'elles ont spiritualisé l'amour. C'en était fait d'elles et du genre humain. Fatigués de tout souffrir, ne voyant nul moyen de se soustraire jamais, eux ni leurs enfants, aux misères qui les accablaient et que la culture croissante leur rendait chaque jour plus sensibles, les hommes allaient peut-être prendre enfin le chemin du salut en renonçant à l'amour. Les femmes voyaient décliner la puissance de leurs charmes ; elles avaient besoin d'une séduction nouvelle. C'est alors qu'elles se sont adressées à l'intelligence de l'homme et que, tout ce qu'il y a de spirituel dans l'organisation féminine, elles l'ont mis dans le jeu de ce qu'elles appellent l'amour.

« Labourer, chasser, travailler sans relâche pour nourrir leurs femmes et leurs enfants, se disputer par force ou par adresse le peu que donne la terre, administrer la chose publique, se défendre contre deux sortes de bêtes féroces, celles des bois et celles des cités, c'était, sans parler de bien d'autres fléaux presque quotidiens, de quoi remplir la vie des hommes ; ils n'avaient pas besoin d'y joindre les soucis de l'amour ; depuis longtemps, l'étude et les livres, mille curiosités mille rêveries, mille bagatelles qui les passionnent ont ajouté à leurs travaux des distractions pour lesquelles ils auraient pu cent fois oublier les femmes et la génération. Mais la nature y a pourvu : elle procède avec les femmes par un coup d'éclat, elle réunit en elles, à une certaine heure de la jeunesse, toutes les beautés et tous les enchantements pour attirer violemment les regards distraits des hommes, pour leur inspirer une tentation qui impose silence à toute réflexion et qui les perd. Elle fait la jeune fille que vous m'avez dépeinte, celle pour laquelle les individus se damnent et les peuples s'exterminent. Elle lui donne par surcroît la coquetterie, qui relève la beauté, et qui au besoin y supplée.

« Peuple de galantins que vous êtes, dupes innocentes qui croyez, en cultivant l'esprit des femmes, les élever jusqu'à vous, vous ne vous êtes pas encore aperçu, depuis qu'elles sont les reines de vos sociétés, qu'elles ont de l'esprit souvent, du génie par accident, mais de l'intelligence jamais ; ou, si vous voulez, ce qu'elles en ont ressemble à l'intelligence de l'homme comme le soleil, fleur des jardins, ressemble au soleil, roi de la lumière. Les choses intellectuelles ne les intéressent point pour elles-mêmes ; au moment où vous leur parlez sciences, histoire, poésie, beaux-arts, elles ne songent qu'au parti qu'elles en pourront tirer contre vous pour vous retenir, vous asservir, vous enlacer. Le chant et la musique leur servent à cacher leur pauvreté intellectuelle, comme le coton et les baleines à se faire des hanches ou à dissimuler leur indigence de gorge. Sachez-le, elles ne pensent qu'à une chose, elles ne se soucient que d'une chose — se marier ; il n'y a de sérieux pour elles que ce qui leur parle d'amour, le roman et le livre d'heures, le prêtre et le galant.

« Vous devriez regretter l'Orient. Pourvu qu'il pût loger et nourrir ses femmes, l'homme n'avait plus à s'en occuper ; il pouvait combattre, s'exercer aux armes, écouter les sages ; il était à l'abri de cet avilissement qui met un homme de cœur aux pieds d'un oison ; il était libre enfin, parce que plusieurs femmes le garantissaient d'un seul amour.

« Dans nos sociétés monogames, se marier c'est diminuer de moitié ses droits et sa liberté, mais, en revanche, c'est doubler ses devoirs et ses charges. Et quels devoirs ? Depuis que vous avez admis vos femmes à délibérer, le bas intérêt a envahi la maison, toute résolution généreuse y est redoutée comme une criminelle folie. Le soin honteux du bien-être, le plus misérable calcul, la crainte de hasarder avec votre vie la sécurité de la famille, une poltronnerie vous sont imposés comme les obligations les plus sacrées. Bon père, bon époux, c'est-à-dire lâche citoyen, conscience faussée et vénale, intelligence abâtardie, voilà les titres ridicules qui vous servent aujourd'hui d'épitaphe. Vantez les femmes, félicitez-vous de les avoir affranchies : elles ont inventé les mœurs bourgeoises, elles ont fait de vous une race de Chrysales, qui a désappris sous leur joug la pratique de toutes les vertus fortes et qui ne peut plus en entendre le nom sans trembler et sans frémir de plaisir en se remuant douillettement dans ses habitudes de servilité.

« C'est elles qui ont le plus contribué à inoculer au monde moderne la lèpre qui le ronge. Tout homme mentait dès le temps de Salomon : mais alors le mensonge, vice de nature ou caprice du moment, n'était pas encore, comme il l'est devenu pour chacun sous le règne béni des femmes, la nécessité et la loi. Vous vous faites gloire de vous sentir désarmés par leur beauté, par leur faiblesse, par l'adoration que vous professez pour elles. Mais qui résisterait à leurs envahissements, qui pourrait mettre fin à leurs reproches et se soustraire à leur fascination, sans ce moyen naturel et légitime chez elles, honteux pour nous ? Trop débiles de corps et d'esprit pour soutenir par la discussion et par la lutte la place qu'elles ont usurpée, ambitieuses et tyranniques autant que chétives, il faut bien pourtant qu'elles aient une arme. Le lion a les griffes et les dents, le vautour a le bec, l'éléphant et le sanglier les défenses, le taureau les cornes ; la sépia, pour tuer son ennemi ou le fuir, lâche son encre et trouble l'eau : voilà le véritable analogue de la femme. Comme la sépia, elle s'enveloppe de dissimulation et nage à l'aise dans le mensonge. Mais nous, la nature nous a faits indépendants, et lequel d'entre nous peut parler d'indépendance sans qu'une femme, sans que toutes les femmes aient le droit de sourire ? Pour elles, nous jouons du matin au soir la comédie de la politesse, nous affectons des respects dont nous nous moquons entre nous, nous nous taisons sur ce qui nous indigne, nous sourions à ce qui nous déplaît, nous forçons notre bouche aux grimaces, nous feignons des croyances que nous n'avons pas, nous désavouons lâchement nos idées, nous rougissons de n'être pas assez vils ; et le soin le plus cher que la société des femmes inspire à notre tendresse paternelle, c'est d'assurer l'avenir de nos enfants en les instruisant de bonne heure à mentir comme nous. Voilà ce que nous devons aux femmes. Et maintenant, beau défenseur de l'amour, vous ne direz pas que je diminue leur part dans l'œuvre de la civilisation. »

Le philosophe s'arrêta en me regardant, comme s'il attendait une réplique : je n'eus pas l'esprit assez prompt pour la trouver sur-le-champ.

Évidemment, cet Allemand, infidèle aux traditions de l'esprit germanique, n'avait rien conservé de la vénération presque religieuse que ses ancêtres avaient pour les femmes. Une femme qui l'eût entendu aurait dit peut-être que le pauvre homme trahissait ingénument les misères de son ménage, et que, malheureux comme l'ont été une foule d'honnêtes gens et même plus d'un grand génie, Socrate, Shakspeare, Albrecht Durer, sa mauvaise humeur était pardonnable, quoiqu'il eût tort de déclarer toutes les femmes des Xantippes. Je dois à la vérité de dire qu'il n'était pas marié et qu'il est mort célibataire à soixante-douze ans. Une autre eût pu dire qu'il n'avait sans doute jamais su se faire aimer et qu'on sentait assez dans ces diatribes contre les femmes la rancune d'un homme qu'elles avaient maltraité. Cela prouverait assurément qu'il avait un mauvais caractère et qu'il manquait de bon sens, car un sage ne se fâche pas pour si peu. Mais je ne saurais affirmer que cette conjecture fût tout à fait fausse. Combien d'hommes, en effet, traînent toute leur vie comme une lourde chaîne le souvenir d'une passion repoussée ou trahie! Combien de soupirs de vieillards jaillissent des regrets lointains de leur jeunesse, et de souffrances que le temps n'a point assoupies ! Le monde est plein de Pétrarques muets, plus à plaindre que l'amant de Laure, puisqu'ils n'ont point reçu de voix pour exhaler au moins leurs douleurs. Si mon philosophe avait éprouvé jadis quelque infortune pareille, je ne saurais le dire, et son secret est mort avec lui.

Du reste, sans m'interroger sur les causes personnelles qu'il pouvait avoir d'être si sévère, je cherchais une réponse. Avec un peu plus de sang-froid, j'aurais pu le réduire au silence en récitant un des plaidoyers éloquents qui ne manquent pas chez nos écrivains français. Car la chevalerie, qu'on croyait morte, survit encore, Dieu merci, dans notre littérature; elle n'a fait que changer de nom; elle a pris, pour défendre les dames persécutées, la plume au lieu de la lance. Hommes d'État, de loisir, professeurs, académiciens, les écrivains les plus graves déploient à les venger un zèle ardent, un intérêt presque personnel. Leur style austère et solennel se fond, quand ils traitent ce sujet, en grâces sucrées, et l'on dirait, à entendre l'énumération qu'ils font des vertus féminines, un chœur de femmes gazouillant des litanies.

Je ne pus que balbutier deux ou trois paroles presque étouffées par l'étonnement qui me tenait à la gorge. Je songeai d'ailleurs que l'attaque du philosophe allemand contre les femmes était celle à laquelle on ne s'était pas jusqu'à présent avisé de répondre, car elle se réduisait à reprocher aux femmes leur connivence obstinée avec la nature pour prolonger la durée et le supplice de l'humanité. Point de vue étrange et nouveau. Selon lui, en effet, les hommes, initiés un jour par leur propre expérience à la philosophie du mal, se seraient enfin aperçus que l'existence est la vraie, l'incurable douleur; et ils se seraient décidés à couper à sa racine l'arbre maudit au lieu d'en arroser de larmes les tristes rejetons. Il leur aurait suffi pour cela d'une courte abstinence, qui n'était pas au-dessus de leurs forces, pourvu que des distractions philosophiques, déjà toutes préparées, eussent soutenu leur énergie. Mais ils ne pouvaient résister aux femmes liguées, comme dans Aristophane, pour combattre cette résolution et qui ne rêvent sans cesse que pièges, panneaux, gluaux, filets, trébuchets et engins à prendre les maris. Elles réussissent, hélas ! et le philosophe allemand ne pouvait leur pardonner de retarder ainsi le salut définitif.

Il reprit, en effet, après un moment de silence et avec un sérieux qui me frappa, comme s'il allait m'ouvrir cette fois l'abîme de sa pensée :

« Il n'y a de grandes religions que celles qui, au lieu de flatter les rêves de bonheur dont l'homme se berce et de le repaître de promesses fallacieuses, lui ont prêché le renoncement volontaire. Ce sont les seules qui aient connu cette haute vérité que l'âme des choses est le néant. Mais en recommandant la chasteté, elles n'ont pas toujours bien compris ce qui fait de cette vertu la vertu souveraine, ni pourquoi il est si héroïque de résister à la nature. Elles n'y ont vu souvent que le déploiement d'une énergie sans but, le mérite d'obéir à une loi fantasque, de supporter une privation gratuite; ou bien encore elles ont couronné dans le célibat on ne sait quelle pureté incompréhensible et fait ainsi la partie trop belle aux économistes, aux moralistes, aux Saint-Simoniens, à tous ceux qui revendiquent les droits de la chair et ont pour métier d'enseigner les voies du bonheur. La virginité est belle, non parce qu'elle est un jeûne, mais parce qu'elle est la sagesse, c'est-à-dire parce qu'elle déjoue les embûches de la nature. Le seul bonheur est de ne pas naître.

« Un nouveau-né gisait sans vie dans un berceau : il avait fallu l'arracher avec le forceps du sein maternel, et il était mort au bout d'une heure. La mère, anéantie, pleurait, les amis de la maison pleuraient, les serviteurs pleuraient. Quant au père, il ne put qu'admirer la rare intelligence de cet enfant, qui refusait de venir au monde, et qui, amené contre son gré à la lumière, s'était hâté de la fuir. Ce père était une âme virile, mais aimante et tendre, un grand cœur, un puissant esprit, un sage dont la vie était pleine d'œuvres et le nom entouré de gloire : il s'appelait Lessing.

Trouvez-moi, parmi les heureux, un homme, digne de porter ce nom, qui n'ait pas regretté d'avoir vécu. Si vous ne le trouvez pas, ne me demandez point pourquoi je ne me suis pas marié : je me suis abstenu par pitié pour les fils que j'aurais pu avoir.

« Je veux bien pardonner aux ignorants, qui, n'étant pas dans le secret, se marient encore; mais je ne puis m'empêcher d'être surpris de leur aveuglement. Est-il nécessaire d'avoir vécu longtemps, et faut-il avoir porté très loin l'analyse pour savoir que la vie se compose de mirages, cent fois éprouvés, et qui nous trompent toujours, voilà pour l'avenir; de souvenirs illusoires que nous gardons précieusement comme un viatique ou de regrets qui nous harcèlent comme une vermine, voilà pour le passé; puis, entre l'avenir et le passé, d'un point glacé ou brûlant, que nous nous flattons de traverser en un clin d'œil, sans nous apercevoir, hélas! que nous entraînons ce point avec nous, car le présent c'est nous-mêmes? Celui-là, certes, a les sens bien obtus, qui ne remarque pas, dès son entrée dans la vie, que tout objet y sent le soufre, que les déguisements qu'y revêtent les choses et les hommes ne sauraient jamais dérober complètement les signes manifestes d'un séjour infernal et d'habitants diaboliques. Le plaisir est une mince pellicule sur un profond dépôt de lie amère: la joie est empoisonnée, les meilleurs sentiments recèlent un ver hideux, la médiocrité est un carême cruel, la gloire un martyre bruyant, l'obscurité un fléau, l'habitude une peste inévitable qui émousse toute volupté, mais qui aiguise et envenime les pointes de la douleur.

« Il est assez inutile que les satisfaits ou ceux qui font bon visage contre mauvaise fortune, viennent nous marchander la quantité de douleur qu'il faut bien en fin de compte reconnaître dans l'univers, et, soit dit sans manquer de respect à notre ami Leibnitz, il est plus puéril encore de prendre tant de peine pour en donner quelque explication spirituelle. Qu'ils prennent leurs balances, ces obstinés alchimistes, qu'ils ajustent leurs mesures et qu'ils calculent, à un grain près, s'ils en ont la patience, le peu de mal que laisse subsister cette admirable transmutation du plomb et de l'arsenic en or; en souffrirai-je moins pour cela? Bouchez vos oreilles au gémissement qui s'élève à toute heure de tous les coins de la terre, aussi vaste, aussi perçant, aussi continu que le murmure de l'océan; écartez-vous des prisons et des hôpitaux, des bouges où la misère croupit, des cloaques où la débauche se vautre, accouplée à la faim, et interrogez uniquement, je ne dis pas les riches et les favorisés, mais ceux dont les années se comptent par des vertus ; s'ils affirment qu'ils sont heureux, ils mentent et sont des méchants.

« Des méchants, vous dis-je. Car tant qu'il y aura un être souffrant au monde, car tant qu'on pourra voir un ver de terre brisé se tordre sur le chemin, une mouche tomber surprise par le premier froid, une araignée mourant de faim faute de visites, l'homme, dont la poitrine renferme un cœur, souffrira aussi. La pitié, qui est sa grandeur, sera son supplice ; elle est le retentissement de toutes les douleurs humaines, non de toutes les douleurs possibles dans une âme d'homme, l'identification passagère mais réelle de mon être et de tout ce qui souffre. Sympathie, compassion, commisération, pitié, ces mots, qui sont l'effrayant symbole de la parenté universelle et dont le fond signifie douleur, expriment le seul sentiment peut-être qui rachète l'espèce humaine de la bestialité. Douleur à qui l'éprouve, mais honte et malheur à qui ne la connaît pas! Les trois règnes crient vengeance contre lui, et les langues ont toutes un mot pour le flétrir, qui est le plus honteux, le plus terrible, le plus mérité des noms infâmes, celui d'égoïsme.

« J'ai plus de soixante ans, et ces cheveux n'ont pas blanchi sans que j'aie pu apprendre combien il faut compter sur la bonté de l'homme. La Rochefoucauld et Spinoza ont eu beau faire, ils ne sont pas parvenus à exagérer la violence féroce de l'amour-propre. Je suis fermement persuadé que, s'il ne restait que deux hommes au monde, le plus fort n'hésiterait pas une minute, à défaut de suif pour frotter ses bottes, à tuer son unique compagnon afin d'en prendre la graisse. Qu'importe? Le bon Samaritain et le meurtrier n'en sont pas moins condamnés tous deux à recevoir le contre-coup de toutes les souffrances: vertu chez l'un, fatalité pour l'autre, ce sentiment les poursuit partout, et ils ne s'y dérobent pas même en fuyant au désert et en fermant les yeux à la création.

« Concluez de là, si vous le voulez, que l'homme dont le cœur est bien placé n'achèvera pas le roseau brisé et ne marchera pas sur la mèche encore fumante. Allez plus loin, et tirez-en une doctrine d'énergie de travail, de réciproque dévouement, aussi haute que le stoïcisme antique. Conséquences subalternes et accessoires que celles-là. Le dévouement et le travail transformeront le mal, déplaceront la douleur, mais ils ne l'anéantiront pas. La fin du monde, voilà le salut; préparer cette fin, voilà l'œuvre du sage et la suprême utilité des existence ascétiques. L'apôtre de la charité, à force d'efforts, d'aumônes, de consolations et de miracles, réussit à grand'peine à sauver de la mort une famille, vouée par ses bienfaits à une longue agonie; l'ascète, lui, sauve non de la mort, mais de la vie, des générations entières. Il donne un exemple plus contagieux qu'on ne croit, qui aurait déjà sauvé le monde deux ou trois fois. Les femmes ne l'ont pas voulu; c'est pourquoi je les hais. »

Il continua de parler longtemps encore. La salle où nous étions s'était vidée peu à peu, les garçons dormaient çà et là accoudés aux tables abandonnées; nous étions restés seuls. Mais soit que la fumée du tabac, dont l'atmosphère était imprégnée, m'eût porté au cerveau, soit que ces discours bizarres eussent fini par m'étourdir, des vertiges inconnus me gagnèrent à mesure que je m'efforçais de suivre cet étrange raisonneur. Il me semblait en l'écoutant que j'étais ballotté par une mer houleuse, sillonnée d'horribles courants, contre lesquels je ne luttais plus; l'eau me tourbillonnait dans les oreilles, ne comprenant plus les idées qui s'épaississaient toujours, mais sans cesser de percevoir les paroles elles-mêmes avec une acuité de sensation extraordinaire.

Quand les Allemands sont emportés par un raisonnement, ils vont loin, foulant aux pieds comme des grains de sable les idées admises, les faits, le sens commun. Celui-là disait qu'une première victoire remportée sur la nature serait bientôt suivie d'une victoire plus décisive. Car l'humanité une fois éteinte, ce qui pourrait arriver très vite lorsque la secte ascétique se serait généralisée, les autres espèces animales disparaîtraient également ; et il en donnait des raisons, que je ne saisissais qu'à demi, mais où je me sentais pris néanmoins comme dans les mailles d'un filet ; les efforts que j'ai faits plus d'une fois depuis pour en retrouver quelque chose, ont toujours été vains. Or, dès que l'homme et ces espèces animales auraient cessé d'être, le salut universel serait consommé, le monde n'existerait plus. Car l'existence du monde tient à celle des êtres intelligents ; ce n'est pas eux qui sont dans le monde, mais c'est le monde qui réside en eux. Le monde est un jeu de leur cervelle, une illusion de leur esprit, une fantasmagorie régulière, quelquefois riante, presque toujours horrible, qui s'opère entre les parois de leur crâne. Le songeur anéanti, le cauchemar est dissipé.

Le vieil Allemand n'avait pas changé une seule fois d'attitude, et sa pipe n'était pas éteinte. Cependant Mme Guyon ne décrit pas, dans son livre des *Torrents* (torrents de lave et d'amour en effet!), l'anéantissement de l'âme dans le sein de l'Aimé avec un enthousiasme plus ardent que celui dont ce froid raisonneur était pénétré en parlant de l'évanouissement total des choses. Sa voix, égale et profonde, avait par intervalles un accent de conviction fervente qui se communiquait à moi. Quelquefois ses joues se coloraient soudainement d'une rougeur légère, et lorsqu'il s'interrompait, ce qui arrivait fréquemment, ses regards, qui nageaient dans l'infini, étincelaient et semblaient refléter la splendeur de l'embrasement final.

Néanmoins une protestation involontaire s'élevait en moi, mais je n'osais la faire entendre. Cet homme, qui avait simplement la mine rébarbative d'un vieux pessimiste, s'était peu à peu revêtu à mes yeux d'une majesté de prophète qui m'imposait. Plus brave ou moins ému, un troisième compagnon, qui s'était joint à nous depuis une heure et qui avait jusque-là écouté sans ouvrir la bouche, prit la parole et hasarda le mot de progrès. Le philosophe sourit avec tristesse, puis, après quelques secondes de recueillement, il répondit :

« Le progrès est le rêve du dix-neuvième

siècle, comme la résurrection des morts était celui du dixième ; chaque âge a le sien. Quand ce siècle, épuisant ses greniers et ceux du passé, aura formé un entassement de sciences et de richesses, l'homme, en se mesurant à un pareil amas, en sera-t-il moins petit ? Misérables parvenus, enrichis de ce que vous n'avez pas gagné, orgueilleux de ce qui ne vous appartient pas, mendiants insolents qui glanez le champ des premiers inventeurs et qui pillez leurs greniers, comparez, si vous l'osez, vous qui célébrez si ridiculement vos découvertes, comparez donc l'algèbre avec le langage, l'imprimerie avec l'écriture, vos sciences avec les observations et les simples calculs de ceux qui les premiers regardèrent le ciel, vos steamers avec la première barque à laquelle un audacieux mit une voile et un gouvernail ! Que sont vos illustres ingénieurs auprès de ceux qui vous ont donné le feu, la charrue et les métaux ! Vous avez fait de tout cela des présents divins, et vous avez eu raison ; pourquoi donc êtes-vous si arrogants ? Je crois au progrès de la pyramide que vous n'avez pas commencée et que vous n'achèverez pas. Mais le dernier ouvrier, qui s'asseoira fièrement sur sa cime, sera-t-il plus grand que celui qui en a posé le premier bloc, plus grand que l'architecte qui en a conçu la pensée et le plan? Racontez-moi pour la centième fois vos ennuyeuses histoires, et, si les grandeurs passées ne vous suffisent, anticipez l'avenir et ne craignez pas de prophétiser. Variez les changements de scène, multipliez les acteurs, appelez les masses humaines sur le théâtre, inventez, si vous avez l'imagination assez riche, des péripéties. Ces histoires sont comme les drames de Gozzi : les motifs, les incidents changent dans chaque pièce et ne se reproduisent jamais, il est vrai; mais l'esprit de ces incidents est invariable, la catastrophe prévue, les personnages toujours les mêmes; voici, en dépit de toutes les expériences et de toutes les corrections, Pantalon toujours aussi lourd et aussi avare, Tartaglia toujours aussi fripon, Brighella toujours aussi lâche, Colombine toujours aussi coquette et aussi perfide. Heureusement ils trouvent un parterre toujours prêt à applaudir la pièce du jour, parce qu'il ne se souvient plus de celle qu'il a vu jouer la veille. Les yeux charmés, la bouche béante, les spectateurs suivent avec ravissement et pleins d'attente le *progrès* des choses jusqu'au dénouement, dont la monotonie les étonne sans les décourager. »

Le vieux philosophe se leva. Je crus remarquer, à un mouvement de ses lèvres presque insensible, qu'il faisait un effort sur lui-même pour comprimer ses pensées, comme s'il en avait que nous ne devions pas entendre, et qu'il poursuivait silencieusement un discours intérieur. Je trouvai cette réserve assez tardive, et je ne voyais pas trop ce qui pouvait le retenir maintenant, après en avoir tant dit. Toujours est-il qu'il s'enfonça brusquement dans une rue obscure, oubliant tout à fait qu'il est d'usage, même entre philosophes qui se séparent en sortant du cabaret, de se souhaiter le bonsoir.

Nous le suivimes un instant des yeux, assez surpris de ce prompt départ, puis nous nous acheminâmes, mon compagnon et moi, vers notre hôtel. Nous marchions sans parler. Je ressentais quelque chose d'assez semblable à l'étonnement d'un homme qui vient de faire une grande chute et qui se tâte avec inquiétude pour voir s'il n'a rien de brisé. Il y avait en moi, je l'avoue, une corde qui venait de subir un terrible choc; mon esprit flottait désemparé à travers mille idées contraires; la croyance, qui m'avait porté jusque-là, chassait sur ses ancres; mes habitudes intellectuelles étaient en révolte. Peut-être celui qui m'accompagnait ressentait-il les mêmes angoisses, causées par cette brutale négation du premier dogme de la religion politique et philosophique des peuples modernes; mais il n'en témoignait rien.

Il était de Francfort, et connaissait de vieille date celui que nous venions de quitter, quoiqu'il ne l'eût jamais entendu s'expliquer aussi franchement. Soit qu'il voulût m'expliquer l'énigme de ce nouvel original philosophique, soit pour dissimuler sa propre émotion et se rassurer lui-même, il se mit à me raconter sur ce vieillard des détails fort curieux, un entre autres qui me réjouit extrêmement, car il me donnait la clé (du moins je me l'imaginai alors) de ce sombre mécontentement et de cette rupture avec toutes les idées contemporaines : tout s'éclaircissait pour moi, cette philosophie du néant avait sa racine dans une blessure d'amour-propre littéraire.

Cet Allemand avait publié, en 1818, un livre qui devait être le fondement de sa réputation. Le livre s'était écoulé lentement, mais personne n'en avait parlé, il n'était cité nulle part, les journaux et les revues avaient gardé sur lui un silence unanime. Cruelle épreuve pour un auteur. Pendant qu'il restait profondément inconnu, il avait vu s'élever en Allemagne plusieurs gloires métaphysiques, qui avaient rempli le monde de leur éclat. Aucun homme ne dédaigne la gloire, mais Dieu seul pourrait dire ce qui se passe dans l'âme d'un vrai philosophe, quand, après avoir tout fait pour assurer le succès de ses livres, visites, démarches, lettres, sollicitations, flatteries, il les voit avorter, tandis que ceux de ses adversaires les couvrent d'honneur. Noble jalousie, du reste, qui se confond en lui avec l'amour de la vérité. Le nôtre conçut de cet échec un dépit amer contre ses confrères en philosophie, et il ne cessa depuis de se livrer contre eux à des sorties qui n'avancèrent pas ses affaires; j'en pourrais citer plusieurs qui sont les plus amusantes du monde. Le dépit, longtemps couvé, avait fini par se transformer en cette effroyable haine de la nature, en ce pessimisme implacable dont je ne devais pas m'épouvanter (1).

Telles sont, du moins, les raisons par lesquelles je réussis alors à me satisfaire et à m'apaiser.

A mon retour en France je ne dis pas à mes amis, comme le criait aux siens un grand métaphysicien qui venait de visiter Hégel : « Messieurs, j'ai vu un homme de génie. » Mais je tâchai de me procurer ce malheureux livre, presque aussi introuvable que celui des *Trois imposteurs*, et que je n'avais pu découvrir à Francfort. Après de longues recherches, je le rencontrai enfin

---

(1) Ce livre, c'est *Le Monde comme perception et comme volonté*, dont la première édition parut à Leipzig en 1818. (*Note de l'Éditeur.*)

chez un bouquiniste de la rue de la Banque. Il n'était pas coupé. Je ne saurais dire avec quelle avidité je le parcourus, ni quelle fut ma surprise lorsque j'y trouvai de point en point les idées qui m'avaient bouleversé. Ainsi je m'étais payé d'une explication frivole. J'avais, avec une légèreté impardonnable, et sur une simple conjecture, attribué à un froissement de vanité des idées si enchaînées, si sérieuses. J'étais décontenancé, et presque disposé, maintenant que je les lisais imprimées en toutes lettres, à exagérer la valeur de ces dangereuses doctrines.

Cet ouvrage d'un homme de trente ans, riche, plein de santé, heureux, et qui, sans griefs personnels contre le monde, conseillait le désespoir ; ce livre, où il y avait tant d'hérésies monstrueuses et qui respirait un sentiment de sincérité profonde, me jetait dans de cruelles perplexités. Je le lisais et le relisais sans pouvoir sortir de mes doutes, lorsqu'un matin, je mis la main sur l'interprétation véritable, certaine, évidente. A coup sûr on ne comprendra pas que j'aie été assez aveugle (c'est le mot le plus doux) pour ne pas l'apercevoir du premier coup ; mais on sait que les idées les plus simples sont celles dont on s'avise le plus tard, cela est assez prouvé par l'histoire de toutes les grandes découvertes. Cette explication, c'est que l'auteur, malgré sa sincérité, ne croyait pas un mot de ce qu'il disait.

Il savait que rien n'est plus dangereux que de flatter les enfants heureusement doués, de peur que, trop excités, ils ne s'épuisent prématurément et ne tombent dans une présomption pire que la médiocrité. Or, le siècle venait de commencer en 1818, et il avait déjà fait de si belles choses, si grandes, si merveilleuses, qu'il était plus nécessaire de le retenir que de l'exalter. En prudent pédagogue, mon philosophe voulait modérer une ardeur périlleuse, en affectant de rabattre les espérances et de diminuer les mérites d'un jeune siècle, justement satisfait de lui-même, mais un peu enclin à la suffisance.

Aujourd'hui le siècle est majeur, et il a le tempérament assez robuste pour digérer tous les éloges. Aussi fait-on bien de ne pas les lui mesurer d'une main avare. Certes, si le philosophe allemand écrivait son livre à cette heure, en voyant le chemin que nous avons parcouru, il ne nierait pas le progrès comme il le niait en 1818. Les temps sont bien différents.

III

> O, if this were seen.
> This happiest youth, — viewing his progress through
> What perils pass, what crosses to ensue, —
> Would shut the book, and sit down and die.
>
> (Shakspeare.)

On s'endort tard en hiver dans la rue de Bourgogne.

C'est le quartier des ministres et des ambassadeurs. Le monde tomberait de cataclysme en cataclysme sans leur vigilance ; aussi est-il nécessaire qu'ils dansent toute la nuit pour se tenir l'œil ouvert, et qu'ils dînent longtemps pour soutenir le fardeau de nos destinées. Pourquoi faut-il, hélas! que ceux qui s'amusent fassent veiller ceux qui travaillent! Je n'ai plus mon sommeil d'enfant pour résister à ces roulements de voitures, qui ébranlent le pavé à chaque minute, et qui font frémir les maisons jusqu'aux combles ainsi que des feuilles de peuplier.

Une insomnie paisible, doucement occupée

par quelque rêverie agréable, telle que celle que le thé me procure, ne me déplait pas trop. Mais rien ne m'est plus pénible que d'être brusquement arraché à mon premier sommeil par l'affreux grondement d'une voiture. La brutalité de cette manière de réveiller les gens, et la mauvaise humeur qui résulte ordinairement de ce réveil, me coûtent assez souvent toute une nuit. Je ne sais vraiment pas par quel inepte scrupule le nouveau régime, en ramassant les morceaux de l'ancienne noblesse, s'est abstenu de revenir aux chaises à porteur, véhicule charmant, mystérieux, silencieux qui n'a de rival que la gondole; d'ailleurs, l'emploi des bêtes de somme à deux pieds est éminemment aristocratique.

J'ai donc pris l'habitude de ne me coucher que lorsque la dernière voiture est rentrée : je sais par cœur tous les équipages de mon quartier. Un soir de l'hiver passé (c'était, je m'en souviens fort bien, le 17 février, vers onze heures), je m'étais assoupi au coin du feu en feuilletant le livre du Dr Drake sur Shakspeare. Honni soit qui mal y pense ! Le livre du Dr Drake, très savant et très intéressant, n'était pour rien dans cette surprise du sommeil : la même chose eût pu m'arriver en lisant *Merlin l'enchanteur* ou la *Revue des Deux Mondes.*

Je venais de lire une excellente description

des mœurs et de la manière de vivre au temps de Shakspeare. Quelque admirable que soit cette époque, je me félicitais de ne pas vivre dans un temps où l'on ne pouvait mettre le pied, le soir, hors de chez soi sans être exposé à tomber dans les ornières ou dans les voleurs ; je me savais bon gré d'être né à l'époque du gaz et de la police plutôt que dans ce xvi{{e}} siècle si grossier encore, si violent et si sanguinaire ; et par un mouvement naturel, je m'étais mis à passer en revue les mille douceurs de la vie moderne, les lampes carcel, les cheminées à manteau, les tapis de feutre économique, toutes jouissances dont il eût fallu me passer alors, sans parler de la politesse des mœurs et des sergents de ville à tous les coins de rue. J'avais laissé peu à peu tomber le livre sur mes genoux, puis je l'avais fermé en tenant le doigt entre les feuillets à l'endroit où je m'étais arrêté ; ensuite j'avais coulé lentement dans mon fauteuil par l'effet graduel de la méditation, j'avais baissé les paupières pour ne laisser m'échapper aucune de ces riantes images, — et je m'étais endormi.

A peine entré dans le pays des songes, je remarquai debout en face de moi et accoudé à ma cheminée (j'étais toujours dans ma chambre) un jeune homme d'une gravité au-dessus de son âge. Je le connaissais, quoique je ne l'eusse jamais vu ; je ne savais pas son nom, et il m'eût été impossible de dire de quelle époque ni de quel pays était le costume négligé et bizarre qu'il portait ; mais sa physionomie, tourmentée et pensive, m'était très familière. Il attachait sur moi des yeux étranges, qui paraissaient répondre précisément aux idées qui m'avaient occupé en m'endormant ; les miens, que je détournais de lui pour éluder sans doute cette réponse, revenaient, comme attirés par une force secrète, sur son visage. Ce qu'il y a d'incroyable, c'est qu'il ne parlait pas, que ses lèvres étaient immobiles comme tout son corps, et que pourtant je lisais dans ses traits, non pas l'expression douteuse, indistincte d'un portrait où chacun découvre selon ses idées une signification différente, mais un discours parfaitement clair. J'essayais inutilement, quoique je l'entendisse fort bien, de le résumer en une formule, et aujourd'hui encore je suis forcé de me représenter une à une les idées que j'embrassais toutes ensemble d'un seul coup d'œil.

« Ne me reconnais-tu pas ? Je suis celui qui a été le premier atteint de la langueur mortelle dont vous souffrez, et ma destinée est votre histoire.

« Mais je suis né sur le seuil de ce siècle qui épouvante aujourd'hui ta mollesse, et mes yeux en s'ouvrant ont pu voir s'éteindre en ses derniers enfants une vie auprès de laquelle la vôtre est un sommeil. Je l'ai à peine entrevue, et j'en ai conçu, moi que le sort appelait à inaugurer un âge de lâches hésitations et de stérilité, une tristesse ineffaçable. Vous l'avez héritée de moi, vous n'en guérirez jamais.

« Ce siècle, troublé de combats qui te remplissent d'effroi, où les passions de l'homme étaient farouches, où son existence était rude et précaire, a clos magnifiquement, pour une longue période, le temps de l'activité individuelle; avec lui a disparu la dernière génération virile. Un nouveau monde géographique, puis bientôt après un nouveau monde religieux découverts, l'Océan mesuré, les antiques limites de l'univers abattues, la terre isolée dans le vide infini, un suprême effort tenté pour retenir l'indépendance des anciens âges prête à périr, voilà les œuvres de ce siècle; Colomb, Luther et Copernic sont les derniers héros du drame. Leurs successeurs n'ont fait qu'y ajouter un misérable épilogue.

« Vous pouvez dire adieu désormais aux grandes actions, aux entreprises hardies, et vous n'avez qu'à souhaiter qu'il vous naisse des fils sans énergie et sans courage, puisque leurs volontés seront impuissantes comme dans un rêve;

ils voudront courir, et leurs pieds appesantis resteront collés au sol ; ils essayeront de voler, et au lieu d'ailes ils agiteront vainement vers le ciel des bras désespérés. Trop avares de votre sang et de votre tranquillité pour acheter l'indépendance au prix qu'y savaient mettre les héros d'autrefois et que l'ont payée souvent vos pères des Communes, vous ne pouvez pas pourtant vous résigner à la servitude. La vie, ne trouvant plus d'application possible ni d'issue, hurlera en vous, grattera le sol avec frénésie, mordra les barreaux de sa cage, comme un lion captif, et finira par tomber épuisée, écumante, après vous avoir précipités dans l'infamie à travers la démence.

« Tu compares orgueilleusement la police de vos sociétés organisées pour la protection des fortunes, du bien-être et du repos, avec l'anarchie du passé, où l'homme, sans cesse en butte aux violences, était tenu d'avoir pour toute science celle de se défendre lui-même et d'affronter la mort. En échange de tant de bienfaits, que t'ont-elles demandé? Tout au plus de renoncer à une agitation onéreuse, d'accepter qu'on te mesure prudemment l'air, l'espace, la parole, la pensée, la foi religieuse, l'enthousiasme, de consentir à trouver à l'entrée de toutes les routes un gardien qui te demande où tu vas ou un guide officieux qui te conduit les yeux bandés, de trainer enfin sous un réseau d'inquisitions tutélaires une existence de basse-cour, sans péril et largement pourvue.

« Certes, tu as raison de ne pas te regimber contre ces utiles entraves, car elles ne sont rien si tu regardes aux chaînes intérieures, plus lourdes que l'or, plus dures que le diamant, qu'il ne t'est plus possible de secouer. Animé d'une curiosité soudaine, que rien n'asssouvit, tu t'es lancé, oubliant tout, dans le dédale des sciences, et tu épuises, sur des questions qui te fascinent et te paralysent, ce que tu avais conservé d'énergie. Tu veux la clef de tous les mystères et te voilà déjà si savant à cette heure que la fièvre de recherche et de méditations, à laquelle tu es en proie, te découvre un abîme à chaque pas, te fait craindre un écueil à chaque mouvement, et qu'au moment de mettre la main à l'œuvre la plus simple, tu t'étonnes de te sentir pris de toutes parts dans une végétation inextricable de difficultés spéculatives.

« C'est pourquoi le jour n'est pas loin où, ne pouvant plus remuer ni agir, vous vous consolerez avec vos plumes et vos livres. Les meilleurs d'entre vous, après avoir abordé mille tâches impossibles, iront à l'aventure cherchant quelque chose à faire; et, comme ils ne trouveront à

imaginer que de misérables besognes, ils les
exagéreront à plaisir, et verront la terreur ameuter contre eux les générations fainéantes et en-
dormies auxquelles ils s'adresseront. Tandis que,
pour insulter à ces puériles occupations, le destin remplira le monde de catastrophes, de con-
quêtes, de révolutions, ils le verront prendre ses
acteurs préférés parmi les plus ineptes des
hommes, ils verront ceux-ci présider, sans sortir
de leur chambre et même sans interrompre leurs
orgies, aux terribles événements. Alors gens
d'esprit et gens d'action échangeront entre eux
des satires et des persécutions, au nez d'un public affairé qui rira des coups sans se soucier de
savoir de quoi il s'agit, et qui ne se dérangera
même pas de ses calculs et de son négoce.

« Il ne faudra plus juger de l'énergie des individus par la grandeur des choses. Les choses
seront énormes, et les individus petits. Ce sera
le règne des masses disciplinées; l'action dis-
paraîtra éparpillée entre des millions d'auto-
mates dont chacun ne tirera pas de la puissance
d'un cheveu. Il se trouvera pourtant des hommes,
et en nombre, qui, accablés par l'énormité des
résultats, admireront à grand bruit cet étonnant
mécanisme, vain simulacre de la vie. Les effets
produits suffiront pour tromper dans quelques-
uns le besoin d'agir, mais ils l'irriteront dans

quelques autres, qui mourront avant d'avoir pu le satisfaire.

« De loin en loin, tentés par les circonstances ou poussés par une nécessité plus forte, quelques audacieux sortiront de cette atonie universelle, en mettant la main par un coup hardi sur tous les moyens d'action à la fois. Ils réussiront avec une facilité qui tiendra du prodige, à ce point qu'il sera permis de croire à une connivence générale plutôt qu'à une rare énergie, tant les masses seront dociles, tant les résistances seront faibles. Il suffira souvent d'une supériorité d'impudence pour devenir le maître; mais il sera fort commun de voir le maître de la veille, inquiet de son succès dès le lendemain, embarrassé de sa puissance, retomber bientôt, après un court intervalle de résolution, dans les rêvasseries théoriques. Ils périront, comme nous, par hésitation.

« Leur chute vous fera lever la tête un instant sur votre oreiller de sciences, de réflexions, de discours. Vous verrez un travail immense à entamer, mais les bras vous tomberont comme ceux d'un buveur d'opium; votre regard, ébloui par l'ivresse, ne verra qu'obstacles et incertitudes. Inépuisables comme moi en raisons de ne rien faire, succombant comme moi sous le faix d'une mission supérieure à vos forces, peut-être commencerez-vous aussi par feindre la folie comme moi jusqu'à ce que vous perdiez réellement la raison. La lâcheté, la peur, les convenances vous suggéreront longtemps des motifs d'ajourner, de retarder, de prier, de rêver, de menacer, de temporiser, et vous attendrez que celle que vous avez aimée soit morte pour vous entr'égorger sur son cercueil. »

Je comprenais confusément jusque dans mon sommeil que cette vision n'était autre chose qu'un de ces logogriphes bizarres et vides de sens dont se composent les songes; elle m'avait troublé néanmoins. Je m'efforçai de surmonter mon émotion, et relevant la tête, je regardai le spectre en face comme pour lui arracher son secret.

« Qui donc es-tu, lui dis-je, toi qui me fais ces lugubres prédictions? Es-tu vivant ou mort?

— Ni vivant, ni mort, répondit-il. Je suis Hamlet.

— Mon pauvre Hamlet, m'écriai-je en essayant de rire, le froid des brouillards d'Helsingfors t'a donné le spleen. Viens te guérir parmi nous. Tu y verras le soleil luire sur un monde joyeux; tu y verras aussi des troupeaux d'Ophélies courant offrir, aux caresses des étrangers ennuyés comme toi, leur tête où il y a plus de cheveux que de cervelle. C'est une grande distraction... »

Lancé comme je l'étais, j'aurais parlé plus

longtemps que Hamlet lui-même, si je n'avais été en ce moment réveillé en sursaut par un tonnerre qui passait sous mes fenêtres. Je reconnus l'équipage de la petite princesse de M.... jolie laide s'il en fut jamais, et la plus folle de plaisirs, la plus infatigable danseuse, dit-on, de toutes les ambassadrices. Plusieurs voitures suivirent la sienne immédiatement. Je devinai qu'il y avait un bal dans mon voisinage, et qu'il ne fallait pas songer à m'endormir cette nuit avant quatre heures du matin.

J'aurais volontiers repris mon rêve interrompu ; je repris à la place le livre du Dr Drake, résolu cette fois à l'achever. Dans la première phrase qui me tomba sous les yeux, l'auteur vantait l'imperturbable sérénité de Shakspeare, et en recommandait la lecture aux hypocondres. Cet avis me touchait personnellement. Shakspeare m'avait toujours paru le peintre le plus amer des côtés atroces de la nature humaine et des cruautés de la destinée. Me trouvant de loisir et en veine de réflexions, je me mis à examiner sous tous ses aspects l'observation du commentateur, et je finis par reconnaître qu'elle est de la plus entière justesse.

La sérénité de Shakspeare me parut résulter des trois considérations suivantes.

Premièrement, dans le jeu combiné des lois

naturelles, sociales et psychologiques, lequel est ce que nous appelons le sort, le plus puissant des hommes, je veux dire celui qui réunit à la volonté la plus forte les plus formidables moyens, est réduit en poussière comme un grain de blé sous la meule. C'est pour rendre cette vérité plus éclatante que le poète a placé tant de princes, de capitaines, d'hommes opulents, de grands seigneurs parmi ses héros favoris. Les armées et les richesses, les amis et les geôliers, la prudence et l'énergie, la vertu et la solitude les protègent contre la destinée — aussi bien qu'un parapluie peut protéger contre un tremblement de terre.

Secondement, lorsque l'homme a une passion, elle est la providence qui l'inspire, la maîtresse qui le trompe, le conseiller qui l'éclaire, le tyran qui l'asservit. Les stoïciens de la bonne école font observer avec grande raison que la volonté peut très bien résister à la passion; ce n'est pas assez, et je soutiens (d'après Shakspeare) qu'elle y résiste toujours — autant que le piston résiste à la vapeur. La passion fait franchir heureusement à ses élus des abîmes où tous les autres périraient, elle les soutient au milieu des orages, elle les entraîne avec l'impétuosité d'un torrent ou les glisse avec la lenteur insensible, mais irrésistible, de l'huile à travers tous les obstacles, jusqu'à ce que, parvenus au terme souhaité, le front rayonnant et vainqueur, n'ayant qu'à se reposer majestueusement dans le triomphe, ils hasardent sous l'aiguillon de plus en plus acéré de la passion un pas de plus. C'est ce pas qui les perd.

Troisièmement, lorsque l'homme est sans passion, il n'est rien. Réduit à un état d'inutilité misérable pour les autres et pour lui-même, débile et paresseux, atteint d'une langueur mortelle, pliant sous la vie, il devient le plus chétif des êtres et tombe plus bas que la brute, que l'appétit du moins n'abandonne jamais.

Ces vérités, aperçues par Shakspeare sous le rideau transparent des événements humains, lui ont fait sentir une fois pour toutes la vanité des sermons et l'inutilité des colères contre le sort. Voilà pourquoi, accoutumés à ce spectacle qui nous arrache des sanglots, ses yeux n'ont pas de larmes, son cœur pas d'indignations, et sa pensée pas d'espérances illusoires.

Je me suis souvent émerveillé que tous les Anglais prennent le calme de Shakspeare pour du contentement. Au milieu des violences, des trahisons, des perfidies, des meurtres, des vilenies, des bassesses, parmi les scènes d'horreur funèbrement éclairées de lueurs tout idéales qui forment dans Shakspeare ce tableau du monde, dont ils admirent avec raison la vérité, le poëte impassible leur paraît sourire, et les sociétés bibliques chanteraient volontiers ses pièces comme des cantiques de reconnaissance au Très-Haut et d'actions de grâces.

Je ne puis m'expliquer cette illusion qu'en me rappelant qu'il existe en Europe une société essentiellement optimiste composée d'individus pessimistes.

Cette société se croit depuis longtemps au port, et de la rive elle contemple dédaigneusement ceux qui luttent encore dans la haute mer : *Suave mari magno...*

Mais les individus s'y ennuient, la gaieté y est presque inconnue, la gravité y est morose, on y plaisante d'un air sinistre.

La misère et la prostitution s'y étalent, comme le faste, avec insolence. En bas la haine et l'envie, en haut le calcul, le mépris et l'égoïsme y remplissent tous les cœurs; mais la société est maintenue par un ciment plus solide que le ciment romain, c'est l'orgueil.

L'étranger, que la curiosité ou le besoin y amène, se sent au bout de deux jours atteint d'un froid au cœur qui l'en chasse assombri et malade; car entre l'homme et l'homme s'élèvent mille prescriptions qui les tiennent éternellement à une distance infinie l'un de l'autre.

Les amants s'y disent « vous » jusque dans le

spasme du plaisir; l'amour de la vie de famille est une vertu qu'on y vante, mais les enfants sont exclus pendant toute l'année de la table et de la société paternelles.

On y a toutes les libertés, hormis celle de vivre à sa mode. L'hypocrisie y est cynique, et célébrée sous mille noms d'un commun accord.

Les hommes n'y sont pas de fer, car ils ployent et rampent devant le nom, devant l'argent, devant l'usage, mais ils y sont d'empois. Ils vivent emprisonnés et inabordables dans des gaines étroites, où bouillonne sourdement le fiel qui les tourmente; ils se sont tellement à charge qu'ils se remuent sans cesse pour se fuir, et qu'ils prennent en dégoût dès la première heure l'endroit où ils se trouvent. Ils ont fini par mettre tout le bonheur dans les petites choses, ils ont inventé le confort microscopique, le nécessaire de voyage à cent compartiments; et ils s'enfuiraient du paradis terrestre, s'ils n'y trouvaient pas le thé, les sandwichs et les muffins.

Toutefois les mœurs et les convenances, les lois du monde et de la religion prescrivent à ces mornes personnages de publier partout, d'abord que la société anglaise est parfaite, ensuite qu'elle est inimitable; et cette obligation d'affirmer le bonheur du peuple, au moment où l'individu est rongé d'ennui, est le plus grand supplice infligé à celui-ci.

Lorsqu'il s'élève dans cette société infatuée d'elle-même un homme de génie, c'est presque toujours pour cracher dessus. C'est pourquoi elle commence par les renier tous, jusqu'à ce qu'elle les ait contraints au silence ou à la rétractation, ou bien attend qu'ils soient morts pour s'enorgueillir de leur nom, après les avoir toute leur vie traités en révoltés.

Nul n'a pénétré plus avant dans les ténèbres de l'homme moderne qu'un petit nombre d'illustres infortunés, sortis de cette nation bienheureuse. Aussi, comme ils sont aimés ces poëtes anglais, où nous trouvons l'écho de nos plus intimes douleurs, moins grands encore par les créations de leur génie, que pour avoir courageusement trépigné sur ce ridicule orgueil, et s'être exposés de parti pris à la rage patriotique de tout bon insulaire en démasquant à tous les yeux le mensonge de cette tradition optimiste!

En remarquant qu'ils sont presque tous atteints du spleen, j'inclinerais à penser qu'au lieu d'avoir, comme on le dit, sa cause dans un climat maussade, et de noyer les âmes avec la triste brume qui tombe d'un ciel toujours gris, le spleen naît de cet optimisme même qui est la vraie religion de l'Angleterre. Être né dans l'île sans pareille, qui réunit à la liberté la plus ancienne le plus énorme entassement de richesse, avoir soi-même vingt mille livres à dépenser par an, le vin de Porto, le filet de Durham et les jambons d'York, être en un mot le favori de la nature, et s'ennuyer à périr, y a-t-il une meilleure raison de désespérer?

Le pessimisme allemand, dérivé de la contemplation philosophique des choses, contiendra presque toujours un grand fonds de placidité ; le pessimisme anglais, plus poétique que spéculatif, est sans cesse irrité. On croirait qu'il est une mutinerie du tempérament plutôt qu'une conviction de l'esprit. Et, en effet, on y sent la plupart du temps une protestation personnelle contre l'intolérance de la plus plate orthodoxie qui ait jamais régi les mœurs et dicté les opinions d'une société, orthodoxie paterne et atroce qui refuse toute discussion et répond infailliblement à l'hérésie par la calomnie.

On s'est gravement trompé lorsqu'on a pris Byron et Shelley pour des comédiens qui ne veulent que nous effrayer par l'étalage d'un désespoir emprunté, et en affichant des tristesses et des doutes qui n'ont rien de réel. La vie qu'ils se sont faite se rapproche autant de leur héroïsme idéal que l'existence individuelle peut approcher de l'indépendance chez les peuples vieillis.

où tous les pas sont marqués d'avance par d'inviolables conventions. L'insouciance de Sardanapale, et sa misanthropie voluptueuse, et ses orgies préméditées au milieu de l'écroulement d'un empire, c'est l'histoire même de lord Byron, comme tout Shelley se retrouve dans l'âpre stoïcisme de ses personnages. Tandis qu'ils pouvaient jouir d'une sécurité si douce dans l'éden de leurs songes, ces poètes ont renversé de parti pris les limites qui séparent le monde imaginaire et le monde réel, et livré leur vie comme leur pensée à l'océan orageux du possible. Plutôt que de rester mêlés à la foule banale des courtisans qui se pressent chaque matin au chevet d'une vieille société grabataire, ils se sont enfuis bien loin, échangeant pour adieux avec cette société des paroles de malédiction. Mais ils se sont réservé une vengeance, c'est de projeter, du fond de l'asile qu'ils ont choisi, les rayons concentrés de leur poésie sur le monde dont ils se sont bannis. Notre pensée ne peut se détacher d'eux; elle les accompagne dans leur exil, pressentant je ne sais quelle catastrophe, sachant bien que de tels hommes ne peuvent mourir comme d'autres, et elle les suit jour par jour avec anxiété jusque sous les murs de Missolonghi, jusque sur les flots où l'ami s'enfonce avec les poésies de son ami serrées sur son cœur.

Le lit des siècles est creusé à cette heure si profondément qu'il y a de la folie à vouloir le changer ou le rectifier; ce que le plus hardi peut faire est d'en gravir à ses risques et périls les bords escarpés. Vivre en aventurier, c'est-à-dire être pour les autres un objet de soupçon, une énigme irritante, ou bien vivre en chenille sur la feuille qui nous a été assignée, telle est pour les hommes d'aujourd'hui l'alternative fatale. Encore se résignerait-on à cette immobilité, si la pensée était libre au moins. Mais quel œil pourrait apercevoir tous les liens qui l'assujétissent, et quelle main pourrait les briser?

Shelley se fait donc aventurier de l'esprit. Pour lui, désormais, toutes les doctrines sociales, vraies ou fausses, qui refusent de se laisser aborder, regarder de près, toucher, éprouver aux secousses de la volonté et aux négations de l'esprit, soit qu'elles s'estiment trop saintes ou qu'elles se sachent trop fragiles, ne sont qu'une oppression légitimée. Il ne croira pas avant d'avoir une raison de croire; il osera sommer tout ce qui prétend lui commander de produire ses titres, sinon il refusera l'obéissance. Il se place lui-même hors la loi.

Il existe aux portes de Jérusalem un sombre édifice, dont le dévot musulman n'approche pas sans terreur. C'est le tombeau de David. Le roi-poète s'y entretient, dit-on, avec les patriarches; nul ne pourrait y entrer et le voir sans mourir. Lorsque le vieux monument menace ruine, l'autorité fait appel aux fidèles croyants, et promet à celui qui osera pénétrer dans le caveau, pour y exécuter les réparations nécessaires, le salut et la mort. Épreuve redoutable, où le croyant risque sa foi tout en renonçant à la vie, mais moins terrible que de porter le flambeau dans les voûtes souterraines de l'édifice moral et religieux. Mieux vaudrait fuir au désert, ceindre ses reins d'une corde, mettre de la cendre sur sa tête, passer les jours et les nuits à battre sa poitrine prosterné devant un bois muet : qu'est-ce que cinquante années de macération, quand la foule vous révère et que vous avez l'âme tranquille? Mais troubler le sommeil des autres en remuant les fictions qui leur servent de litière, affronter leurs fureurs, et cela pour se donner la joie de contempler le néant, c'est une œuvre de démence; et celui qui l'entreprend, justement chassé de toute société bien faite, ne méritera plus même de pitié.

Shelley court au-devant de cet anathème. Trop sagace pour ne pas le prévoir, mais décidé à rompre avec les illusions qui règnent, il ne rompt pas à demi. Il ne se contente pas de censurer amèrement le monde tel qu'il est, ainsi que le font tant de jeunes écervelés ; il va plus loin, et construit comme par défi en face des réalités sociales une cité fantastique. Tout ce qui est nouveau et inouï, tout ce qui n'a ni l'expérience ni l'autorité pour rempart, fascine son intelligence. Les routes frayées sont celles qu'il évite ; les exemples du passé et l'opinion admise, loin de l'attirer, l'engagent plus avant dans ses voies hasardeuses. Il dédaigne le fait, il repousse la croyance reçue, il se précipite vers l'incertain, comme l'air se précipite dans le vide. Une chose est-elle établie et ancienne, il n'en faut pas plus pour que ses fondements lui soient suspects. Le crédit des noms, la sanction des âges, le consentement de l'humanité sont de faux témoins vendus à l'ignorance et à l'imposture. Shelley est le défenseur des doctrines veuves, l'avocat des croyances orphelines ; sa pensée est un abri toujours ouvert aux idées solitaires et maudites.

Encore une fois rien n'autorise à penser que Shelley ait pris de gaieté de cœur la robe de Satan, qu'il n'ait songé qu'à s'assurer une éternité d'infamie en lançant la torche dans le temple d'Éphèse. C'est aux petits qu'il convient d'aimer le scandale par intérêt, et de pratiquer le sacrilège comme une profession. Mais Shelley, Byron, avaient du génie. Qui sait si, sans la contrainte qui révoltait leur âme, ils n'auraient accepté par leurs seules réflexions tout ce qu'ils ont attaqué? Ils pouvaient se faire ainsi, ils pouvaient se faire par des œuvres où les contemporains auraient reconnu leur évangile, une réputation orthodoxe, sans mélange de flétrissure. Ils auraient vécu entourés d'une gloire courtisée. Ils auraient siégé parmi les juges, au lieu d'être traînés en accusés devant un tribunal qui avait ses propres injures à punir, et dont ils ne pouvaient être par conséquent les justiciables.

Mais parce qu'ils ont uni leur sort à celui des idées que la société répudie, ils en ont partagé la condamnation. Ils ont commis le crime inexpiable de résister à la coutume, de ne pas laisser pétrir leur esprit comme une pâte et jeter leurs idées dans le moule vulgaire; ils ont eu l'ambition criminelle d'être eux-mêmes, ils ont donné un funeste exemple d'indiscipline qu'il fallait réprimer. Que devenait l'Angleterre s'il était permis de rompre impunément cette salutaire uniformité, qui laisse aux originalités de la nature une latitude restreinte, il est vrai, mais suffisante au gré de ceux que l'extraordinaire inquiète toujours?

Il appartiendrait aux esprits réfléchis, qui ont de la sympathie pour ces existences tourmentées, de se montrer cependant équitables pour la société qui les proscrit. On ne saurait demander à lord Byron, qui porte l'enfer dans sa pensée, de ne chanter que les délices du paradis, et l'on aurait tort de lui imputer à crime les agonies que traversent Child-Harold, Caïn et Don Juan. Mais aussi les craintes de ceux qui parlent au nom de la morale sociale ne sont-elles pas légitimes? Qu'on y songe un peu. Nous descendons tranquillement au fil de l'eau, entassés sur des barques où nous sommes nés, nous égayant de nos propres chansons, nous racontant ce que nous avons appris ou rêvé des commencements fabuleux du voyage, regardant fuir les arbres, les rochers, les collines; nous nous partageons bien un peu au hasard les provisions du voyage, de façon que les uns sont repus et les autres affamés, et nous nous arrachons quelquefois avec violence la rame et le gouvernail, sans remarquer que la barque va toujours au gré du flot. Mais la navigation est assez douce en somme. Et voilà qu'un fou s'élance dans le torrent, gagne la rive à la nage et se met à remonter vers la source. Cette perturbation jetée parmi les passagers est-elle supportable? Ce manque de confiance en l'équipage n'est-il pas une insulte? Pourquoi irions-nous encourager une tentative que nous ne demandions pas, des efforts qui sont un accès d'orgueil et non un dévouement? Si, au lieu de s'empresser de revenir, le téméraire persiste, au mépris de toute expérience et de toute discipline, à s'enfoncer dans les solitudes, et s'il s'avise de semer dans le torrent, par intervalles, des feuilles où il dit les fatigues et les déceptions qu'il éprouve, ou bien les conjectures qu'il forme, ces feuilles recueillies peuvent-elles faire autre chose que soulever de nouvelles huées?

La saine critique, les gens paisibles, les magistrats, les pères de famille, les moralistes, les sorbonistes ont bien raison, et la société ne doit à ces malencontreux pessimistes que ses rigueurs. Elle devrait, si l'esprit de rébellion était reconnaissable à quelque signe dans les enfants au berceau, se défaire sans scrupule de ceux qui le porteraient. Mais ce génie indompté apparaît trop tard, et il faut, en prenant contre eux de sages précautions, les supporter tels qu'ils sont, car rien ne peut les changer. Byron était pair d'Angleterre, mais pourrait-on se le représenter bon citoyen, mari exemplaire, homme d'État sérieux, selon la vraie définition?

On n'a pas même besoin d'apprivoiser un veau; mais qui essaiera de dompter un lion sans le tuer? L'indocilité sied à certains hommes comme l'obéissance convient à la foule. Le supplice qu'ils affrontent leur fait une auréole; les cris de douleur, les malédictions, les moqueries deviennent en sortant de leur bouche une musique harmonieuse, qui captive l'oreille la plus prévenue. Ils font mauvais ménage, mais leurs amours, scandaleuses violations de la loi, sont des amours illustres. Ils ne manquent jamais, ces maudits, d'inspirer quelque dévouement incomparable, comme s'il y avait en eux une puissance de séduction que les vertueux, hélas! ne possèdent pas toujours. Nous devinons qu'ils doivent goûter, dans le délaissement qui leur est infligé, des joies inconnues, de ténébreuses voluptés auprès desquelles les nôtres sont sans saveur, et ils nous remplissent d'envie.

Le fiel est un breuvage amer ; quelle est donc la vertu secrète de celui que nous versent ces sombres poètes, pour qu'il ouvre à l'âme ces régions resplendissantes? Les plus terribles iconoclastes, Shelley, Byron, ont cette puissance de vous convertir à une religion nouvelle, celle de la beauté, qui vous rend plus qu'ils ne vous ont ôté. Ne serait-ce pas une chose vraiment étrange, si ces poètes, qu'on outrage et qu'on plaint, avaient trouvé une sorte de bonheur, inaccessible au vulgaire, dans le monde de leur fantaisie? Ce monde est aussi troublé que le nôtre, mais il a de plus larges horizons; les passions y sont plus énergiques, les amours plus profondes; des pécheurs sans audace n'y répandent pas des larmes d'enfant au souvenir d'une faute; des marchands effarés n'y prennent pas la fièvre de peur que le plancher sur lequel ils marchent ne s'écroule dès qu'on semble toucher à son appui visible; mais des hommes, qui ne daignent porter aucun masque, y rient de la mort, y savent souffrir en silence, et attendre, coupables ou non, mais toujours doux, toujours indomptables, l'heure du suprême cataclysme. Une image de la liberté, l'ombre d'un héroïsme impossible, supplément imaginaire d'une vie d'action que notre civilisation ne comporte plus, voilà ce que cherchent, sous divers noms et par des voies périlleuses, tant d'hommes d'une nature inquiète, et à quoi Byron et Shelley ont consacré leur génie.

Ils pouvaient cependant avoir leur part active, si petite qu'elle fût, dans l'histoire de leur temps! Pourquoi n'en ont-ils pas voulu? L'effet du spleen serait-il de faire paraître à côté de la plus belle chose du monde sa contre-image, ignoble et repoussante, et de montrer par exemple derrière le soldat la vie de caserne, derrière le spéculateur la vie de bureau, derrière le fonctionnaire la vie d'antichambre, derrière le diplomate la vie de salon, derrière le ministre la vie de cour? Ou bien encore se sont-ils imaginé, sur des renseignements contestables sans doute, que la politique était une scène, où le mérite lui-même devait pour réussir se fortifier de fanfaronnade, où il fallait savoir débiter majestueusement l'ineptie, manœuvrer avec adresse autour de la vérité sans s'y heurter, flagorner surtout les valets et les sots? Et ont-il pensé qu'un tel rôle fût au-dessus de leur patience?

Les peintres, qui étudient la nature humaine dans la vie politique, sont à l'abri d'un grave danger, celui de devenir amoureux de leur modèle. A moins d'être un sot, on y apprend très vite des secrets qui ne se révèlent que là, et qui doivent épouvanter ou mettre en fureur quiconque n'est pas réconcilié par une coquinerie native avec celle qu'il découvre ou n'apporte pas dans cette initiation une forte dose de philosophie.

Les pères, les plus satisfaits et les plus prudents, donnent tous pour étrennes à leurs enfants un livre charmant, innocent, bénin, qui les amuse beaucoup : c'est Gulliver. Autant vaudrait leur donner pour osselets les dents venimeuses d'un serpent mort. La nature avait doué l'auteur de ce livre d'un génie hardi et gracieux, capable d'un grand essor; la politique en

a fait quelque chose de rabougri, de contracté,
de terrible aussi comme le serait un nain ma-
niant d'un bras robuste et irrité la massue
d'Hercule.

Pendant longtemps il contemple d'une pru-
nelle ardente de convoitise le théâtre politique
d'où il est exclu, et l'ambition affamée, la rage
le font pleurer et grincer des dents loin de tous
les yeux. Puis tout à coup, n'en pouvant plus
et le cœur crevant de fiel, il tombe au milieu
des acteurs; il faut bien qu'on le voie maintenant et qu'on le remarque au milieu du vide
que la terreur étend autour de lui. Il lance son
venin, il le siffle, il le crache, il le vomit à flots
sur tout ce qu'il peut atteindre. Il rampe et il
injurie, il lèche et il souille, il a peur et il fait
peur, il a des contorsions de clown prenant des
formes d'araignée et de chauve-souris pour faire
rire; et, aussitôt après, pour se venger de l'igno-
minie qui le désespère, l'haleine fiévreuse, l'œil
flamboyant comme la gueule d'une fournaise, il
se choisit une victime, il l'insulte, il la bat, il la
mord, il lui lance pêle-mêle à la tête tout ce qui
est à sa portée, et, semblable à certains singes,
lorsque les cailloux lui manquent, il empoigne
ses propres ordures et s'en fait contre l'ennemi
un dernier projectile. Alors, sur le point de suc-
comber dans cet effroyable accès, il rentre dans

ses ténèbres, et se calme pour un temps aux enchantements et aux douces paroles d'une pauvre fée qu'il tuera quelque jour.

Les grands connaisseurs de la nature humaine sont de deux espèces : les contemplateurs de génie qui la pénètrent d'en haut, sans presque avoir besoin d'aucun contact avec elle, et les hommes qui, promenés par mille hasards à travers la vie, frappés et heurtés dans tous les sens, l'ont apprise, pour ainsi dire, en détail, par une accumulation d'expériences personnelles. Le pessimisme engendre la sérénité chez les premiers, il se change chez les seconds en misanthropie. Swift est un misanthrope.

Sa jeunesse besogneuse, rompue aux humiliations de la domesticité dans une grande maison, a été une préparation parfaite à ce rôle de haïsseur qu'il a joué si puissamment ; cependant, ses vrais éducateurs ont été les partis politiques. Nous avons pu, sans être très vieux, voir nous-mêmes aux prises un assez grand nombre de partis politiques ; mais on se ferait difficilement d'après eux une idée de ceux que Swift a étudiés, tant l'esprit de parti s'est purifié, tant les guerres se sont moralisées. Les partis affectent toujours, comme au temps de la reine Anne, la justice, le respect du droit, les scrupules ; mais ils ne contestent pas les mêmes vertus à leurs

adversaires; on n'emploie plus entre whigs et
torys, entre guelfes et gibelins, la calomnie
comme une arme ordinaire; les pièges les plus
lâches ne passent plus pour des stratagèmes
honnêtes et les vengeances les plus ignobles ne
passent plus pour les meilleures. Et, si les luttes
des partis ne sont plus de ces guerres déloyales
sans droit des gens, où l'on s'égorgeait et s'empoisonnait indifféremment, l'intérieur de chaque
parti offre un tableau plus édifiant encore. Les
amitiés y sont toujours sincères, on n'y échange
pas d'éloges hypocrites que le cœur désavoue, il
n'y règne pas une concurrence ardente à toutes
les distinctions enfantines qu'un parti peut distribuer, et c'est à peine si l'on y insinue les uns
contre les autres ces accusations de tiédeur qui
font naître peu à peu la pensée de la trahison et
finissent quelquefois par la rendre inévitable;
enfin l'on n'y connaît plus du tout la pratique
des petits moyens, l'adoration des petites vertus,
le triomphe des petits talents, l'abaissement graduel des plus hautes ambitions jusqu'au plus
misérable calcul, l'épluchement odieux de la
conscience d'autrui, la rupture soudaine des intimités les plus étroites pour obéir à des préventions stupides, l'habitude irrésistiblement contractée de l'injure et de l'adulation; bref, il est
évident que tous les partis parlent et agissent

aujourd'hui d'une manière digne des sociétés qui leur ont été confiées. Mais il paraît qu'il n'en était pas tout à fait de même du temps de Swift à en juger par lui-même.

A l'imitation de ce poète qui, lorsqu'il voulait décrire un cheval, se mettait à quatre pattes, ruait, hennissait, allait le trot, le pas, le galop et l'amble, tout cela pour mieux s'identifier avec son objet, Swift a passé hardiment d'un parti à l'autre, afin sans doute de les mieux connaître tous. Il a voulu joindre aux passions de l'homme de parti les qualités propres au renégat, et il a usé largement de tous les avantages que peut donner cette situation, par exemple d'analyser finement les faiblesses de ses anciens amis, de dévoiler ceux de leurs côtés attaquables qu'on ignore, de raconter publiquement l'histoire secrète de leurs dissensions, de dénoncer leur tactique accoutumée, de vider enfin d'un seul coup l'amertume amassée par dix ou vingt ans de griefs dévorés en silence et d'admiration forcée. Il a été remuant, envieux, intéressé, calculateur, mendiant, souple avec tous ceux dont il attendait quelque chose, rogue, dur et sans pitié avec ses inférieurs, cauteleux ou difficile selon les gens avec ses égaux. Il a compris qu'on pouvait échapper presque à une certaine sorte d'infamie à force d'être cynique, et il a demandé sans discrétion, il a essuyé les plus cruelles rebuffades sans se lasser, il s'est aplati dans la poussière devant les maitresses des lords et les filles de chambre de la reine ; il a été avide et insatiable. Il avait abandonné son parti prêt à tomber, il y serait revenu sans embarras quand ce parti reprit le dessus, et il est très probable qu'il aurait pu s'y faire admettre encore. Mais, trop vieux pour une évolution nouvelle, le doyen de Saint-Patrick se retire en Irlande. Et là, pour y nourrir encore sa haine, il harcelle, sous mille prétextes si éloquents qu'ils pourraient passer pour de bonnes raisons, le parti vainqueur, pleurant chaque année comme un jour de deuil celui de sa naissance, et jouissant avec désespoir de la gloire d'être le plus incomparable maître ès science de la malice humaine.

Si nous mettons en regard les fautes et les malheurs de Swift, et que nous cherchions dans sa destinée un commentaire de ses écrits, nous nous garderons peut-être, nous qui sommes assez loin de lui maintenant pour hasarder d'être indulgents, de sourire à ses colères. Cet homme qui avait de l'éloquence pour suffire à dix orateurs, fut réduit à dépenser l'or de son génie dans le méchant métier de folliculaire des partis. Le roi Guillaume daigna un jour, il est vrai, lui apprendre à manger les asperges et à les couper à la hollandaise; mais, auparavant, ce favori d'un quart d'heure avait mangé pendant de longues années à l'office le pain des laquais. Ce redoutable tireur, qui tuait tout ce qu'il visait, vécut toujours soldé par des lords fainéants pour abattre le gibier dont ils gardaient pour eux seuls tout le profit. Lui qui était né avec les goûts et la bravoure d'un soldat, et qui aurait eu besoin de toutes les libertés de langage, de conduite et d'opinion que peut donner la vie laïque, il fut obligé de refuser, la mort dans l'âme, une commission de capitaine de cavalerie pour prendre la soutane; il fut obligé de cacher sous les dehors dévots, sous l'intraitable orthodoxie d'un membre de la haute Église, son scepticisme profond : le caractère le plus emporté fut condamné à une éternelle hypocrisie. Il aurait aspiré, l'ambitieux poète qu'il était, à des alcôves de duchesses, y rêvant tous les raffinements de volupté et d'élégance, sachant bien aussi qu'il avait assez de passion, d'esprit, de gaieté, de grâce pour faire oublier à la plus fière qu'elle se donnait à un pauvre diable; et le sort l'avait réduit à l'amour d'une fille presque domestique, la bâtarde de son insolent protecteur. Ici encore l'attendaient des fatalités nouvelles; car il devait être pris dans un de ces pièges que tend le cœur aux natures passionnées,

et avoir le malheur de se laisser aimer par deux
femmes, toutes deux dévouées et enthousiastes,
toutes deux capables de souffrir et d'aimer jusqu'à mourir. Un drame nouveau, le plus horrible
pour lui, puisqu'il y jouait le rôle de coupable
et de bourreau, allait s'ajouter aux troubles de
cette existence assombrie par tant de déceptions ;
il allait avoir à supporter les chocs de deux
amours également fortes dans son cœur, et les
larmes, les prières, les fureurs, la lutte désolée,
la mort de deux femmes également adorées.
Stella, Vanessa, immortelles victimes, rivales
entre lesquelles nous-mêmes nous ne pouvons
choisir, réconciliées enfin dans la mort par la
grandeur même de votre amour, vous avez pardonné sans doute, malgré vos désespoirs tragiques, à l'infortuné pour qui vous êtes mortes !
Son destin a été plus triste que le vôtre ; car
vous êtes parties, l'une et l'autre, enveloppées
dans cette passion comme dans un suaire sacré,
sans avoir connu un seul instant le vide du
cœur. Mais celui que vous avez laissé seul en ce
monde avec ses regrets pour compagnie, a descendu lentement les degrés de l'imbécillité et
de la folie, ne pouvant même plus évoquer votre
souvenir dans sa pensée confuse, ne se connaissant plus, vide et triste comme un sépulcre sur
lequel un nom est inscrit, balbutiant des sons

inarticulés pour réponse aux huées des enfants et aux questions du curieux, qui demandait de lui : « Qu'est-ce que c'est que cela ? » et s'éloignait en hochant la tête.

Une chose est, après le mariage, l'objet le plus ordinaire des aigres railleries de Swift, c'est les enfants, ces petits optimistes incorrigibles, qui ont l'air jusque dans les larmes de saluer joyeusement la vie qu'ils ignorent, et sont coupables à leur insu d'y enchaîner par un attrait perfide ceux qui la connaissent. Ce qu'il détestait en eux, c'était peut-être sa propre ignorance d'autrefois, au temps où il avait commencé d'aimer la réputation, les richesses, la puissance, la grandeur, où il avait laissé germer en lui cette ambition qu'il n'en put jamais déraciner. Rien n'y fit, ni la connaissance des hommes, ni l'expérience si souvent faite de cette creuse chose qu'on nomme le succès. Il voyait de loin l'écueil sur lequel il se briserait, celui du désespoir et de la folie ; il connaissait d'avance l'inutilité de ses efforts, et il ne pouvait s'empêcher de courir vers la fortune. Agenouillé, ainsi qu'un homme en proie à un indigne amour, aux pieds de la courtisane qu'il voulait fléchir, il consuma ses jours à lui adresser des flatteries, puis des insultes, et à se répéter à chaque moment avec une éloquence prodigieuse l'histoire de toutes ses prostitutions, sans jamais se guérir à force de dégoût. Il lutta frénétiquement pour une victoire impossible, et ne partit qu'après avoir jeté à la vie tout ce qui lui restait, sa raison, comme le joueur ruiné jette au nez des croupiers son dernier écu.

Swift serait un homme extraordinaire, même quand il n'aurait été qu'un condottiere politique. Mais son œuvre porte plus loin que la politique du moment. Quand il flagelle ses ennemis, c'est l'Angleterre qu'il flétrit, et en flétrissant l'Angleterre, il atteint l'humanité.

Il faut entrer dans les partis, si l'on veut vivre encore de la vie générale et participer à ce qu'il reste d'action possible aujourd'hui, et Swift a peint la condition des partis. Les vices qu'il raille ne sont pas ceux d'un temps ni d'un peuple, ils sont ceux d'une fonction sociale : ils sont attachés à la vie politique comme les coliques de plomb au métier de ceux qui broyent la céruse. La politique les fait surgir du fond de l'homme : elle provoque l'éruption cutanée la plus magnifique que puisse souhaiter un docteur curieux de pathologie morale.

Ceux qui se risquent dans les mêlées des partis politiques ne renferment-ils que ce que la matière a de plus intelligent, de plus généreux, de plus animé d'idées élevées et de hautes ambitions! Swift dit ce que la vie politique en fait bientôt.

Lorsque la politique est transplantée dans les carrefours, lorsqu'une révolution fait pour quelques jours de chaque artisan un homme d'État, de chaque crieur de journaux un orateur, de chaque rassemblement ou de chaque échoppe de barbier un congrès, le même mal, composé de soupçon, de convoitise, de rivalité, de fureur, de calomnie, se répand dans les masses comme une épidémie. Il est le prix que se paie la vie politique, la vie politique à laquelle pourtant on ne renonce pas sans être une brute.

Quiconque a l'ambition, une seule fois, de travailler à purifier les sentines de l'État, y gagne la fièvre, et exhale aussi les miasmes dont il s'est imprégné.

Ah! si l'on pouvait rester assez jeune, j'allais dire assez niais, pour ne pas apercevoir les misères de son parti et l'aimer toujours aveuglément, assez indifférent à la vérité et assez habile pour s'en taire toujours! Ou, du moins, si, après être sorti de ces épreuves, chaque homme était assez fort pour les considérer en poète ou en philosophe, avec le calme souverain de Hobbes ou de Milton! Peut-être aurait-on le sommeil moins léger; on pourrait encore à quarante ans s'endormir malgré le bruit des voitures, et l'on ne serait pas obligé de remuer ces tristes sujets pour occuper ses nuits d'insomnie.

IV

« La vie est une affaire qui ne couvre pas les frais. »

(*Note trouvée dans le carnet d'un spéculateur ruiné.*)

Tous ceux qui ont passé la trentaine peuvent se rappeler un temps où la France était triste. Comment a-t-elle perdu cette note, cette jolie note mélancolique, qu'on entendait résonner dans le cœur des adolescents et sur les lèvres des vieillards, comme l'été on entend à la fois le cri des hirondelles dans l'air et le chant des grillons dans le chanvre au soleil couchant? Les plaintes en vers alternaient à propos avec les lamentations en prose. Il n'y en avait pas un parmi nous qui ne semblât avoir un deuil à porter, c'était à qui aurait la meilleure grâce à pleurer, et tous s'en acquittaient à merveille sans que l'amour ou le plaisir pût les consoler.

Tout à coup ces gens accablés, bondissant sur leurs jarrets, se sont redressés, plus robustes que jamais, et mis à danser gaillardement, avec la furie des derviches tourneurs ; ces yeux, éteints dans les larmes, ont pris l'éclat de ceux d'une veuve qui vient de convoler ; on n'a plus entendu, au lieu d'accents élégiaques, que des voix de stentor poussant vers le ciel un hosanna immense. Comment cela s'est-il fait ? Quel réconfort inattendu, quel rajeunissement, quelle victoire sur le démon, quelle étoile récemment levée sur l'horizon nous a rendu la vie et notre bonne humeur d'autrefois? Qu'est-ce qui a fait succéder, en un jour, à cette noire maladie l'ivresse de la convalescence?

Oserai-je l'avouer, j'ai quelque regret à cette résurrection. Si elle est, comme on le dit, un retour à notre vrai caractère gaulois, et s'il est vrai que nous fussions devenus tristes un peu en voyant pleurer nos voisins, cette mélancolie de contrebande était pourtant sincère ; elle n'était pas malséante à nos écrivains, tant la France avait heureusement modifié à son usage le sérieux allemand et le spleen anglais. On nous disait depuis si longtemps frivoles et spirituels, que nous avions le droit d'être las de cette réputation. Les joues fardées et le nez au vent du dix-huitième siècle, les têtes poudrées, les lèvres impertinentes, les amours légères et libertines, remplacés par des fronts échevelés, des yeux rêveurs, des visages pâles et des passions dévorantes, c'était une délicieuse nouveauté, qui faisait paraître la gaieté surannée, et l'esprit ganache.

Moins on était gai, plus on s'amusait. Désabusés presque en naissant, nous allions au plaisir avec réflexion, gravement, comme des chartreux vont au réfectoire, en gens qui subissent une tyrannie de la nature. Le doute habitait nos poitrines. Nous avions pris en grippe le sommeil, parce qu'il interrompait la continuité de nos vagues souffrances, et nous consacrions les nuits à de fréquentes orgies, où nous puisions de nouvelles amertumes. Mais personne n'eût soupçonné, à voir les folies auxquelles on s'y livrait, et à entendre nos éclats de rire, que cette bohème était un purgatoire d'âmes altérées d'infini. Les discours étaient parfois extravagants ; cependant les gémissements de l'orgue dans la nef solitaire des cathédrales, les statues à genoux sur les tombes éclairées par le flamboiement des vitraux, le murmure des vagues sur la plage déserte n'ont pas la solennité des pensées qui nous occupaient alors. Il n'existait pas de héros trop sombres, de destinées trop fatales, d'événements trop surnaturels ou trop effrayants, de souffrances trop aiguës pour être le sujet des poèmes que cette fièvre divine nous inspirait, et nous versions à torrents le sang de nos veines dans des œuvres démesurées. Mais en même temps, nous ne négligions pas notre gloire, nous prenions de notre popularité un soin plein de sollicitude, nous nous partagions entre nous les dépouilles opimes, conquises sur les renommées déchues dont nous venions de faire justice. Chacun de nous était un Prométhée et avait son vautour ; mais nous savions être, en dépit du vautour, feuilletoniste, fonctionnaire, orateur et député. Les dons du génie et les aptitudes terrestres se déployaient dans le même homme côte à côte sans inconvénient ; en racontant son martyre on faisait sa fortune. On n'abandonnait pas les occupations vulgaires imposées à l'humanité, mais on s'en vengeait par des malédictions pratiques. Heureuse époque, que les plus gais d'aujourd'hui se rappellent peut-être en regrettant au fond du cœur qu'elle ait trop peu duré.

Chacun se croyait seul à souffrir, mais c'est une génération tout entière de natures exceptionnelles qui était ainsi. Les écrivains, poètes et philosophes, ne faisaient que conduire le chœur, élevant le ton précisément de ce qu'il le fallait pour faire admirer leur belle voix et s'acquérir la juste distinction qui leur était due. Tout cela est fini ; nous nous sommes repris à examiner la vie, sans chicaner celui qui nous la fait telle qu'elle est. Nous sommes redevenus les hommes les plus contents d'être que la planète ait portés, et nous nous proposons modestement en exemple aux nations impatientes de s'élever jusqu'à nous.

Il a fallu que les coryphées eux-mêmes, arrivés aujourd'hui à l'âge où on loue volontiers le passé, oubliassent les airs qui ont fait leurs premiers succès et en vinssent à se moquer de leur propres jérémiades. Ils ont changé avec le temps et n'ont pas cessé d'être écoutés. Un ou deux, dont la voix avait perdu sa souplesse, n'ont pu se mettre au ton des cantates et ont essayé de nouveau l'effet des villanelles plaintives ; nous leur avons ri au nez. Ces mélancoliques en retard se sont fâchés ! Après nous avoir dit tant de fois que nous étions le sommet des nations, le peuple christ, le premier des peuples, ils se sont mis à dire que nous en étions le dernier; ils nous ont appelés la honte et la lie du genre humain. Cette palinodie est évidemment inspirée par le dépit ; ils ont tort de nous maltraiter comme le solliciteur éconduit maltraite de loin celui dont il a essuyé un refus. Pourquoi se sont-ils figuré que nous dussions être à perpétuité l'espèce d'hommes moroses et chagrins qu'ils ont connue ?

Soyons assez vrais pour le reconnaître aujourd'hui : nous n'avons guère cessé d'être au fond très satisfaits de la comédie humaine et du rôle qui nous y était assigné, malgré ces tristesses exhalées en soupirs et quelques accès de mécontentement réel. Comme peuple, nous avons toujours été optimistes ; tous les peuples le sont : mais la preuve que nous l'avons été plus résolument qu'aucun autre, c'est que, de toutes les nations du monde, nous sommes la plus destituée de traditions poétiques, car loin d'avoir besoin de nous réfugier dans nos souvenirs, nous nous empressons toujours ardemment à immoler le passé à la glorification du présent, nous abaissons et nous avilissons nos ancêtres pour nous exalter nous-mêmes : signe de satisfaction profonde. Les pessimistes, s'il s'en est rencontré parmi nous, n'ont pas fait de disciples ; ils sont restés solitaires, et leurs paroles ont été emportées par le vent.

Aucune philosophie, pas plus qu'aucune épreuve, n'a pu ébranler notre foi en la vie, et nous avons résisté à Pascal lui-même. Nous admirons la puissance de l'écrivain, nous souscrivons à la réputation du censeur, et nous ne croyons pas un mot de ses pensées. Il pouvait y avoir des esprits assez faibles pour se laisser imposer par une si grande autorité et prendre sérieusement l'alarme à quelqu'une de ces vérités pessimistes, dont la contagion serait si dangereuse ; un savant académicien y a pourvu, il s'est donné la tâche de convaincre les plus récalcitrants d'entre les admirateurs de Pascal que ce chrétien outré, ce penseur sombre était véritablement halluciné (1). Dès lors pourquoi nous fatiguer à découvrir une harmonie entre ces pensées étranges ? Pourquoi n'y pourrions-nous pas faire deux parts et vanter, selon la coutume, la profondeur de toutes celles où ne se manifeste pas cette conception lugubre de l'homme et de la vie humaine, à condition de regarder ces dernières, les plus nombreuses de beaucoup à la vérité, comme les visions d'un hypocondre ?

Il n'est pas même bien certain qu'elles fussent destinées à être lues. Lorsqu'on écrit pour le public, on mesure ses paroles, on arrange ses raisonnements, on répand au moins sur ses idées un vernis agréable. Mais les pensées de Pascal ont un ton haletant et saccadé ; jetées sans suite, souvent informes, elles ne semblent écrites que pour soulager une tête en ébullition. Au lieu de les donner comme des matériaux

---

(1) L'auteur veut apparemment parler de M. Lélut, et de ses travaux *Sur l'amulette de Pascal, Sur l'alliance de Pascal*, etc.

futurs d'un grand ouvrage, dont le projet n'exista peut-être qu'un seul jour, les premiers éditeurs auraient dû avertir qu'il ne fallait y chercher que les traces des crises que le génie malade traversa si souvent.

Et pourtant une pensée revient avec une persistance singulière; elle surnage partout, et paraît être l'anneau central par lequel se tiennent toutes les autres : c'est que, sans métaphore aucune, la vie humaine est en jeu, c'est-à-dire que tout ce qu'on y fait est gageure et passe-temps. Voilà le fond de tout pessimisme. Nous demandons à Pascal pourquoi on bâtit des maisons et des villes, pourquoi on travaille, pourquoi on s'enrichit, pourquoi on compose des livres, pourquoi on fait la guerre, et si ce n'est pas dans le but d'assurer sa sécurité et son existence, de faire triompher la justice, de se donner du plaisir, d'acquérir de la gloire; car la vie, la sécurité, le bien-être, les plaisirs sont de bonnes choses, comme la beauté, la gloire et la justice en sont de grandes. Pascal répond que nous sommes dans l'erreur. Sous le toit d'une hutte ou dans un palais, la vie humaine est la même; quand l'estomac est plein, que ce soit de truffes ou de pommes de terre, c'est tout un. Ceux qui osent examiner la beauté, toucher du doigt la justice, ou qui peuvent approcher de la gloire, savent combien tout cela sonne creux :

Insonuere cavæ gemitumque dedere cavernæ.

On se remue, on s'agite, on se bat, on se tue, on s'exténue, pour se distraire et se divertir, pour tromper l'ennui, pour remplir le vide de la vie. Les enfants jouent aux jonchets, les hommes jouent aux batailles, et ce jeu-ci fait plus de tapage que le premier, mais il n'a pas un autre but. L'amour ou la guerre, les sciences ou le jardinage, il faut avoir quelque chose à faire, il faut sortir de soi et ne pas avoir le temps de s'observer.

Le plus heureux est celui qui peut le moins se regarder, parce que chaque homme renferme un horrible cloaque; le mot est de Pascal. Les honnêtes gens, qui vantent si haut la joie d'une bonne conscience, en hommes qui en goûtent perpétuellement les douceurs, et qui sont toujours si contents d'un témoignage qu'ils reçoivent de la leur, pourront trouver ce mot exagéré. D'un autre que Pascal ils' affirmeraient que ce mot trahit une âme où le remords réside, ils chercheraient charitablement quel peut être le crime caché dont le souvenir le tourmente; et il est probable qu'ils ne manqueraient pas de le trouver. Dieu garde de mal ceux qui, se comparant aux autres, peuvent s'écrier : « Merci, Seigneur, de ne m'avoir pas fait semblable à cet homme! » Pascal ne parle pas pour les êtres de choix que Dieu tire en chaque siècle à une demi-douzaine d'exemplaires ; il parle pour l'homme commun, et il gémit sur sa difformité. Il ajoute, il est vrai, que dans ce monstre on aperçoit encore les vestiges d'un ex-roi et qu'il a par moments les ambitions d'un dieu exilé. Mais qui pourrait se consoler avec cela? Le monde ne manque pas de prétendants sans trône, et on y rencontre en assez grand nombre des idoles déchues. Les premiers savent ce que vaut la majesté d'un roi qui n'a pas de sujets, et quelque Ninon octogénaire peut dire ce que vaut pour elle à présent l'encens de ses adorateurs disparus.

Je connais des gens qui se moquent du troupier et qui sont ravis d'enthousiasme à la vue d'une armée. J'en connais aussi qui traitent volontiers l'homme avec ironie et qui répètent sur sa médiocrité tous les apophtegmes des moralistes; mais ils s'extasient devant la société humaine, leur voix s'enfle, quant ils parlent de ses bases divines et de ses hautes destinées. Moins superstitieux encore ou moins inconséquent, Pascal ne prête pas à l'ensemble une grandeur que les parties n'ont pas. Il ne craint pas de mettre à nu, avec le sang-froid d'un anatomiste, ce qui est le grand ressort invisible, et de le désigner d'un mot effrayant à prononcer, c'est la force.

Qu'est-ce que l'autorité? C'est la force.

Qu'est-ce que l'aristocratie? C'est la force.

Qu'est-ce que la propriété? C'est la force.

Qu'est-ce que la justice? C'est la force.

Force du hasard, force de la tradition, force du préjugé, force de la multitude, essentiellement identique, mais inépuisable dans ses métamorphoses, si elle se montre quelquefois à découvert, c'est toujours avec une sorte de pudeur. Pareille au mollusque qui engendre par une transsudation lente le coquillage fort et délicat qui lui sert de défense, elle s'est revêtue dans le cours des âges de toutes sortes de noms vénérés. Quelle que soit du reste sa forme et son enveloppe, Pascal est toujours prêt à s'y soumettre sans résistance, pourvu qu'il lui soit permis de l'appeler par son vrai nom. Il n'est pas de ces démolisseurs qui méditent sottement une rénovation totale. Il n'a pas de remède en sa possession ni de constitution toute faite à proposer; et il n'y a pas de sa part la moindre hardiesse à pousser jusqu'au bout son raisonnement, puisqu'il conclut à l'obéissance sinon au respect, qu'il ne refuse même pas de s'incliner, si on l'exige, devant cet antique édifice et de le trouver aussi parfait que possible, « car la paix est le plus grand des biens ». Voilà les réformateurs les mieux intentionnés condamnés à se tenir en repos, bien loin qu'ils soient encouragés. L'espérance est coupée dans la racine. Qu'on se remue tant qu'on voudra, il faudra toujours retomber à la fin sur le lit que la force a préparé. Le seul moyen d'apaiser sa fièvre et d'y trouver une sorte de bien-être dans le sommeil est d'y garder l'immobilité.

Pascal a dit, un des premiers peut-être, que l'humanité doit être considérée comme un seul homme qui subsiste toujours et qui apprend continuellement. On a déclaré sur ce mot que Pascal, l'inflexible partisan de la dégénération radicale de l'homme, avait défini la doctrine moderne du progrès; il a fallu qu'il prît rang bon gré mal gré à la tête des précurseurs de l'avenir; plusieurs sont allés jusqu'à l'inscrire parmi leurs saints sur le calendrier révolutionnaire. Ces personnes, si promptes à enrôler sous leur bannière le premier venu qui d'aventure prononce leur mot de passe, et qui aiment tant à mettre leurs belles espérances sous les auspices des grands noms, sont sujettes à se méprendre par trop de précipitation. Pascal ne leur appartient pas.

Si quelque douteur obstiné, ennemi de la science, objecte aujourd'hui à un savant la physique d'Albert le Grand ou la physiologie de Platon, que le physicien ou le physiologiste moderne lui réponde par les paroles de Pascal, à la bonne heure, Pascal ne le démentira pas. Qu'on ne le presse pas seulement de dire quel cas il fait, lui le physicien, le géomètre, l'émule de Fermat et de Descartes, des progrès de la science, car il répondrait à son tour que toute la philosophie, il entend par là toute la science, ne vaut pas une heure de peine. Il sait que pour ajouter l'une à l'autre depuis trente siècles les précieuses petites vérités que les savants nous lèguent, nous ne sommes pas plus près de la grande. Il sait que cette vérité suprême, la seule intéressante, fût-elle quelque part où nous pussions la découvrir, elle est trop haute et trop rude pour être admise dans nos débiles cervelles.

Il n'ignorait pas que les esprits ne se rendent qu'à celui qui allèche les cœurs. Le don de remuer les âmes à son caprice lui avait été départi, et il connaissait le secret des formules magiques qui apprivoisent. Il n'a pas voulu s'en prévaloir, et il s'en est tenu à la vérité. Lorsqu'il a combattu les jésuites, on sait de quelle manière, croit-on qu'il ait imaginé de faire recevoir à la place de la morale commode des bons pères son terrible jansénisme? Non. Il s'est voué, comme tous les grands cœurs, au service d'une cause qu'il savait perdue, tant que Dieu ne s'en mêlerait pas. Le monde ne se convertit qu'à ce qui le flatte.

Celui-là était dans l'erreur, qui a dit que la vérité, vue face à face, ravirait par sa beauté les yeux et le cœur des mortels. Elle les consternerait au contraire, et il ne faudrait pas moins que l'intervention d'un dieu pour que l'homme la reconnût, si elle était à sa portée. Mais il la poursuit en vain; c'est une pointe d'une finesse infinie autour de laquelle il tourne sans cesse, et qu'il écacherait plutôt que de la rencontrer. Apprendre péniblement ce qui ne sert à rien, ignorer toujours et sans qu'il s'en doute la seule chose curieuse, c'est-à-dire suffisance et bêtise, voilà son lot.

Telle est la conclusion finale de Pascal sur la nature et sur la société humaine. Elle ne l'empêche pas d'avoir des transports de joie qu'on ne croirait pas s'il n'en avait laissé le témoignage irréfragable. D'où lui viennent ces ivresses telles qu'en ont à peine connu, pendant les visites fugitives de l'Esprit saint, les apôtres eux-mêmes? Il est si tranquille et si heureux que, dans cette prison atroce, parmi ces misérables condamnés à mort dont l'insouciance le navre par instants, sur cette terre maudite où la vérité est méconnue et traquée, il remercie Dieu de tout, recevant les maladies comme des faveurs, implorant les humiliations comme une manne, ajoutant aux unes et aux autres les voluptés furtives du jeûne et du cilice.

C'est qu'il a dès maintenant une retraite inviolable, où les choses changent de nature et de nom. Voulez-vous avoir part à sa béatitude, entrez dans cette retraite avec lui : prenez sa foi, et vous jouirez.

Je me trompe, car il n'est pas plus en votre pouvoir de la prendre, si elle ne vous est pas donnée, que de la repousser, si elle vous est offerte. Elle est un don gratuit, accordé à peu d'hommes, mais un don qu'on ne refuse pas. Vous ne pouvez rien pour la mériter que baisser la tête, plier les genoux, lever les bras au ciel, articuler des paroles qui, sortant d'un cœur aride et agité, ne sont pas même une prière. Vous ne pouvez enfin que forcer votre machine à des mouvements et à des attitudes, sans savoir si le ciel se laissera fléchir à ces pratiques, et si après des efforts prolongés vous ne vous relèverez pas incroyant et maudit comme vous étiez.

Repoussé de ce dernier asile, vous n'auriez qu'à mourir de désespoir, si vous n'étiez frappé d'endurcissement, damnation anticipée. Tout ce qui vous reste à faire est de recourir à quelqu'une des ressources que les hommes ont inventées, par exemple de vous marier, en malheureux païen que vous êtes, de chercher par tous les moyens à vous oublier vous-même, pour arriver avec la paix et l'ignorance d'une brute à l'horrible dénouement de la comédie.

La foi, que Pascal recommande, est un remède sûr. Il ressemble aux prescriptions de certains médecins. Sont-ils consultés par un employé à trois francs par jour, avec femme et enfants, qui a la poitrine malade : « Il faut passer l'été aux Eaux-Bonnes et l'hiver en Égypte. » Voient-ils un terrassier atteint d'une gastrite : « Buvez du vin de Bordeaux, et promenez-vous. » Le pauvre diable ne fait rien, son mal empire, il finit par entrer à l'hôpital, et il meurt.

Je crains que le temps de la foi naïve et par conséquent efficace ne fût déjà passé il y a deux cents ans, lorsque tous ces médecins de la dernière heure s'évertuaient pour ramener l'humanité dans la voie du salut. Les amarres, qui avaient tenu le monde si longtemps attaché à son ancre éternelle, venaient d'être brisées, et il dérivait rapidement vers la science, c'est-à-dire vers le doute. Dans ce grave dix-septième siècle, que la voix des évêques lettrés remplit de prédications sonores, on voit encore, fuyant les pompes mondaines, quelque belle pénitente courber son front et en dérober à la curiosité maligne les tristes rides sur le pavé des chapelles; des colombes délaissées et gémissantes se traînent l'aile brisée dans le fond des cloîtres ; des vieillards, usés de passions, se retirent à temps pour mettre un intervalle entre la vie et la mort; de loin en loin quelque jeune Polyeucte étonne le monde par sa conversion imprévue, attachant à son nom ce dernier prestige d'un cœur que la grâce a foudroyé; des femmes, des prélats, des grands seigneurs se réunissent clandestinement pour s'entretenir de l'*amour pur*, car l'amour divin est encore de l'amour. Mais ne regardez pas à ces exceptions, oubliez les persécutions et le mutuel acharnement des sectes, il ne reste guère dans ce beau christianisme qu'une piété d'étiquette, que des cérémonies d'apparat. Et ces élus eux-mêmes trouvaient-ils toujours ce qu'ils cherchaient? Est-il bien sûr que, tandis qu'ils attachaient des regards passionnés sur le Crucifié, ils n'aient pas senti d'étranges refroidissements causés par une pensée, par un souvenir, par un nom? Copernic, Colomb, Galilée, Képler, Descartes viennent de traverser ce monde, ou ils y sont encore; Newton y est déjà entré. Ils ont ouvert dans le plancher du ciel une crevasse qui, élargie maintenant, laisse la vue se perdre dans le vide illimité. Au lieu du doigt divin battant la mesure qui régit le chœur des astres, on n'a trouvé derrière la voûte éthérée que le verbe sans vie de Pythagore, et dans l'étendue immense trône, inexorable et muette, la divinité du nombre.

Un nouveau siècle s'est ouvert. Les regrets, que la foi exilée des âmes y avait laissés, s'apaisent peu à peu. Les yeux se détournent des espaces dépeuplés du ciel, s'accoutument à la terre ; satisfaits de cet horizon, les hommes prennent de leur planète une possession plus solide, ils cessent d'y camper et s'y établissent à l'aise comme dans leur séjour définitif. Quant au céleste héritage, si longtemps attendu, dont ils viennent d'être frustrés, ils n'y pensent plus ou n'y pensent que pour en sourire. Çà et là, quelque fidèle réussit peut-être encore à entretenir en lui par miracle l'étincelle mourante ; mais quelles sont ses luttes et ses souffrances au milieu de cette société qui ne connaît plus le respect ! Vainement mettrait-il entre elle et lui, pour conserver son âme intacte, la distance d'un hémisphère : les blasphèmes flottent dans l'air, ils vont par-dessus les montagnes et par-dessus l'océan semer le désert même de graines empoisonnées. L'ange gardien a perdu la voix et il se couvre la face de ses ailes, tandis que le mauvais ange publie partout avec un bruit de trompettes ses nouveautés impies. S'il est un croyant au xviiiᵉ siècle, qui ait pu entendre sans en être troublé les clameurs philosophiques, et opposer aux ricanements la tranquillité d'une foi enfantine, il n'était pas un homme; il était un dieu ou une brute.

Depuis l'an mille le christianisme avait à peu près renoncé à se charger de la félicité terrestre du genre humain. Après avoir par deux fois tenté d'élever au-dessus de tous les trônes sa monarchie romaine, il avait eu besoin lui-même de la protection des princes, et il ne se mêlait plus de la terre que pour garder ce qu'il avait reçu d'eux et pour assurer leur autorité nécessaire à la sienne. Mais il s'était réservé l'autre monde, et remplissait la fonction d'inspirer d'utiles terreurs ou de soutenir la patience des peuples à force de promesses. Au xviiiᵉ siècle, ces terreurs n'avaient plus de prise, ces promesses n'étaient déjà plus goûtées; l'enfer était ridicule, le paradis semblait assommant; on regardait ces peintures avec la curiosité banale ou ironique qui nous fait visiter à Pise les fresques d'Orcagna ou à Padoue celle de Giotto. Le christianisme était devenu inutile.

Pour durer encore il fallait qu'il se reprît à la

terre, puisque à cette heure la terre occupait les hommes exclusivement. Il fallait qu'il se fît appeler de nouveau comme un auxiliaire indispensable dans la gestion des affaires temporelles de la société. Entreprise plus ardue qu'elle ne l'avait jamais été, car, loin de songer à recourir à lui, les hommes l'accusaient de presque tous les maux dont ils étaient accablés, à tel point qu'un instant ils employèrent contre lui le fer et la flamme pour le déraciner. Mais, comme si cette opération violente ne faisait qu'émonder les branches desséchées, elle avait provoqué une pousse plus vigoureuse. On saisit ce moment pour transformer le christianisme en nécessité humaine. On rappela tout ce que le monde lui devait, les belles cathédrales qu'il avait bâties, les beaux poèmes qu'il avait inspirés, les aimables cérémonies qu'il avait inventées ou renouvelées, les terres défrichées à l'ombre des couvents, la chevalerie instituée et l'amour même devenu la source de sensualités plus raffinées. La religion, qui avait tant fait, n'était pas trop vieille encore pour rendre de nouveaux services ; elle avait, si on ne l'entravait pas, de nouvelles richesses à donner. Il n'était pas un amateur, pas un artiste, pas une âme sensible aux choses poétiques qui ne fût conquis par ces promesses.

Il s'en faut peu que cette humanisation du

christianisme n'ait réussi, pendant au moins vingt ans. A la fin, on a remarqué que ces avantages ne lui sont pas propres et qu'il les possède en commun avec toutes les religions. S'il a ses églises, l'hellénisme avait ses temples; si Lorette a sa madone, Gnide avait sa Vénus. On peut aimer l'une et l'autre, sans être ni païen ni croyant. Il est aisé de rendre justice aux grandeurs passées de toutes les institutions, sans qu'il soit possible néanmoins de relever celles-ci, lorsqu'elles sont écroulées. Et d'ailleurs des services font-ils pardonner des crimes, et la grâce fait-elle oublier l'infamie?

Ce sont des chrétiens qui ont répudié pour leur foi cette apologie dangereuse qui profane ce qu'elle veut défendre, en mettant la tentation à la place de la grâce. Il fallait une interprétation plus profonde à ceux qui ne veulent pas que leur christianisme sérieux soit relégué dans le musée où les ivoires gothiques et les images byzantines sont réunis avec les vases étrangers, les petits dieux lares de Pompéi et les idoles gauloises. Qu'on n'essaie pas d'emprunter au christianisme du moyen âge ses grandeurs, quelles qu'elles soient, de peur qu'il ne faille lui prendre en même temps son oppression et son ignorance. C'est l'âge de fer du christianisme, ce n'en est pas l'âge d'or.

Qu'est-ce que le moyen âge? Un prolongement du paganisme, une immense et fatale dérogation à la parole sainte, un contre-sens de quatorze siècles. Les princes de l'Église ont voulu régner par le glaive et sur les corps, au lieu de régner par la grâce et sur les âmes. Complices ou plagiaires des empereurs, ils ont méconnu la justice et détesté la liberté. Ils sont maudits à cause de cela, et la vérité n'a trouvé en eux que des organes infidèles.

Cependant, ces quatorze siècles étaient nécessaires pour que les âmes, esclaves des sens, incapables de comprendre et d'aimer les réalités spirituelles, pussent secouer le joug qu'elles portaient dans l'antiquité et reconquérir la foi primitive aux pures idées. Cet affranchissement s'est accompli sous l'influence secrète du christianisme; il a abouti à la science moderne, que le faux christianisme proclame anathème.

Ce travail, qui exigeait l'action concentrée de tout l'homme spirituel, aidé par surcroît d'une révélation divine, est achevé maintenant. Le christianisme, après avoir rendu l'âme à la liberté, peut s'occuper enfin du bonheur terrestre, car le monde du temps lui appartient comme le monde de l'éternité. Il a délivré l'individu des liens charnels, il va délivrer la société de l'iniquité. La première opération a duré près de quinze siècles; la seconde, commencée à la vérité depuis longtemps, va se consommer en deux jours. La Révolution française, qui a failli supprimer le culte chrétien, a été la première sommation faite par le christianisme à l'iniquité d'avoir à disparaître; l'iniquité demi-vaincue s'est redressée pourtant, et les convulsions violentes, dans lesquelles nous vivons depuis si longtemps, sont les dernières résistances de l'inégalité et de l'injustice, résistances dont l'issue est aussi prochaine qu'elle est inévitable. Le paganisme social, c'est-à-dire la famine pour la moitié des hommes, dure encore; mais le festin est prêt, la table assez vaste pour recevoir tous les convives, et les portes ne tarderont pas à s'ouvrir.

Ils vont ainsi, ces nouveaux avocats, pleins d'une foi subtile et sincère, glanant dans l'histoire les rares épis dont ils composent leur gerbe d'espérance. Ne raisonnez pas avec eux, ne leur objectez pas les incrédulités de la raison moderne, le désaveu du christianisme orthodoxe qui leur imprime le stigmate d'hérésie, ce redoutable passé d'hostilités mortelles entre le christianisme et toutes les libertés, les grandeurs merveilleuses de l'antiquité païenne : raisonnement et objections expirent contre la forteresse bizarre dans laquelle ils se sont cantonnés, eux et leur doctrine combinée de surnaturel et de science, de mysticité catholique et de prétentions socialistes. Le monde ignore jusqu'à l'existence de ce petit troupeau des derniers croyants, en qui le vrai christianisme, chassé de l'Église, s'est réfugié. Tel à peu près le paganisme, banni tour à tour des institutions, des écoles, du culte, de la famille, s'est réfugié, devinez où? Dans les contes de fées que la nourrice allemande récite pour endormir son petit enfant.

Si cette réconciliation du christianisme avec l'esprit de rénovation sociale, dont les temps modernes sont agités si profondément, était possible, le christianisme ne serait pas seulement immortel, il serait encore à la veille d'un triomphe nouveau, aussi éclatant que celui qu'il a remporté sur le paganisme. Mais on a répondu d'avance à ce plaidoyer; on y a répondu en des termes qui auraient ébranlé des croyants d'une foi moins forte et d'un fanatisme révolutionnaire moins ardent. Celui qui, au nom de l'Église, a repoussé de telles promesses, cité aujourd'hui avec admiration, que dis-je, avec le respect qu'on aurait pour le dernier des Pères. ne fait que gagner tous les jours en autorité, et sa doctrine est la seule orthodoxe.

Le christianisme a fait pour le genre humain

tout ce qu'il était destiné à faire. Il n'amènera pas sur la terre un bonheur dont les fils d'Adam sont indignes. La terre est maudite; il ne lui reste, en attendant le supplice final, qu'à prêter l'oreille aux menaces des élus, et à se repentir.

Les espérances de bonheur terrestre, les promesses de justice temporelle sous le règne de la fraternité sont des rêveries judaïques, qui entraînent le genre humain à sa perte. La terre est un autel où il faut que le sang coule sans cesse. La guerre entre les individus et entre les peuples, la guerre sans cesse, voilà l'expiation inéluctable; le bourreau partout, voilà l'hiérophante des sociétés. Le péché a été semé dans le monde, il est nécessaire que l'homme y moissonne la souffrance.

La liberté, la paix, le bien-être sont plus que des illusions, ce sont des crimes. L'homme qui se berce de ces pensées est un insensé et un coupable. Nul ne sera sauvé, s'il ne se prosterne sous la main qui le châtie, sans regarder de quel instrument elle se sert pour le frapper; car les monarques et les assassins, les inquisiteurs de la foi et les guillotineurs de prêtres, Charles IX et Ravaillac, Torquemada et le Comité de salut public, sont tous des personnages également divins.

Les symboles ne suffisent pas pour racheter un

crime infini, et le sacrifice doit être réel et permanent ; c'est-à-dire, il faut que le sang soit versé, que la victime gémisse, qu'il y ait des massacres, des révolutions, des supplices ; il faut que, réservés au ciel ou marqués pour l'enfer, tous souffrent, et que le saint expie pour le coupable, parce qu'il n'y a pas d'innocent.

En un mot, la philosophie, inspiration du démon, peut bien parler aux hommes de liberté et d'abondance, puisqu'elle veut les pervertir. Le christianisme ne peut leur parler que de croix et de sang, car il veut les sauver.

Qu'on s'indigne, j'y consens, contre ce christianisme farouche je ne puis m'empêcher, moi qui ne partage pas sa foi, d'aimer néanmoins ce viril interprète de la religion d'amour. Sa férocité me plaît ; je lui sais gré de n'avoir pas pactisé avec cette lâche aspiration au bonheur à laquelle les hommes d'aujourd'hui s'abandonnent ; je suis charmé de le voir froisser si hardiment les illusions que le siècle caresse. Il était digne d'avoir d'autres admirateurs que ceux qui lui sont échus, et d'obtenir plus de sympathies parmi les caractères stoïques qui ne cèdent pas à la tendance actuelle vers le bonheur à tout prix. Une âme forte peut aimer sans rougir un guide qui annonce une vie de sueurs et de travail pour marcher à un but incertain.

Ce rude philosophe n'espérait pas, je pense, la popularité pour ses doctrines ni pour son nom parmi ces générations calculatrices. Combien, en effet, étaient-ils déjà de son temps qui ne s'adressaient qu'aux stupides appétits, croyant peut-être que le moyen de conduire les foules à la liberté était de les habituer à une crèche pleine, et ne prévoyant pas qu'elles pourraient bien un jour vendre jusqu'à leur nom d'hommes pour un morceau de pain! Ils se sont encore multipliés depuis, et le monde regorge à présent de ces crieurs de jouissances. Je m'amuse quelquefois à opposer aux prophéties, dont ils tirent si grand profit, les pronostics, mieux vérifiés jusqu'ici par l'expérience, de l'apologiste du bourreau. Je le vois en butte aux injures de la multitude qui, saignée aux quatre membres, ne peut supporter qu'on lui dise : « Tu souffres », et qui se met à hurler, si on ajoute : « Fais provision de patience, car tu souffriras toujours ». Je le vois poursuivi d'invectives par ceux à qui sa franchise enlève leur dernière espérance de faire du christianisme un instrument de bonheur terrestre. Mais je l'aime à cause de ces injures et de ces invectives. Quand de tels raisonneurs, si intrépides dans l'absurde, ont traversé le monde, les hommes ont appris quelque chose.

Ils devraient avoir au moins appris de celui-là à espérer contre toute espérance. En dénonçant si hautement les arrêts de sa Providence sanguinaire, cet ennemi de la révolution et de la philosophie regardait comme assuré le triomphe de la philosophie et de la révolution. Il disait près de mourir : « Je m'en vais avec la vieille Europe ». Cet aveu lui mériterait quelque ménagement de la part de ceux que flatte par-dessus tout l'annonce de leur prochain succès. Combien compterait-on de révolutionnaires assez confiants pour proférer en mourant ces paroles avec la même certitude ? C'est rempli de cette confusion qu'on l'a vu fouiller les périodes les plus détestées de l'histoire pour défendre tout ce qu'on insulte, chercher sous les décombres amoncelés par la révolution les débris de l'édifice du moyen âge, et y recueillir la statuette la plus méprisée pour la replacer pieusement dans sa niche. Il avait ce courage, qu'ont eu Pascal et tant d'autres qui sont la fleur de l'humanité, de ne pas considérer, avant de se jeter dans une haute entreprise, si la fin en peut être heureuse : le succès ne les regarde pas.

La foi aux promesses éternelles peut être absolue sans être absurde, parce qu'elle n'a pas à craindre que l'expérience lui donne aucun mortifiant démenti. Mais dans les entreprises humaines la foi, qu'un reste de doute n'accompagne pas, est aussi ridicule que l'homme qui aurait perdu son ombre ; elle est toujours mêlée d'un peu de sottise. Une trop longue histoire a démontré que la justice et la vérité ne sont nullement une raison de réussir, ce qui n'est pas non plus une raison pour renoncer à la justice et à la vérité. L'ivrognerie du vin est un vice redoutable, mais il en a une autre aussi redoutable, et plus ridicule, c'est l'ivrognerie des paroles : rien n'est si triste qu'une assemblée d'imbéciles, qui se soûlent d'espérances, à l'heure même où le contraire de ce qu'ils attendent va s'accomplir.

On ne peut refuser une grandeur particulière au pessimiste, que la prévision du dénoûment ne paralyse pas. Il s'en rencontre heureusement quelques-uns dans toutes les révolutions et ils ne manquent pas dans la nôtre. Ils n'occupent jamais les premiers postes, parce qu'ils détestent l'emphase qui y est toujours nécessaire et parce qu'ils ne partagent pas l'ivresse générale. Mais, dans le demi-jour, où ils font leur œuvre et d'où ils ne sortent guère que pour tomber en victimes, ces figures trop souvent négligées de l'histoire, à la fois hautaines et intelligentes, sont de celles que je m'arrête le plus volontiers à contempler. J'aime les incrédules, tels que

Chamfort, qui agissent comme s'ils croyaient.

Chamfort avait annoncé la révolution, et il l'embrassa. Mais il avait trop appris de la vie (si l'on n'apprend rien, à quoi sert-il de vivre?) pour croire que la révolution, pure, victorieuse, réaliserait les rêves que l'on caressait autour de lui. A la voir tourner comme elle fit, à voir que cette belle fille, qui devait être enceinte d'un nouveau monde, tombée des mains du maître à celle des laquais et des marmitons, stérilisée et flétrie, allait finir par être un matelas de caserne, il n'éprouva pas la surprise qui est le propre des niais ni le découragement qui naît de l'imprévoyance. Il demeura ce qu'il était, il continua de vouloir ce qu'il avait voulu, il ne renonça pas à son amour de l'impossible; et s'il essaya de se tuer, ce ne fut pas en Caton, mais en délicat dont l'air méphitique des prisons révoltait les narines.

On peut citer le nom de Chamfort aux Diogènes hérissés et malpropres, qui s'imaginent que des manières de butor, un esprit de goujat et un langage de portefaix sont des signes d'énergie. Il n'avait pas la voix d'ogre qui effraie les enfants, il n'avait pas la mine austère et blême des faquins vertueux; il avait eu l'élégance et les faiblesses d'un homme de plaisir, mais son âme s'y était trempée et en était sortie plus forte. On n'a guère le droit de mépriser la vie quand on ne l'a pas connue, et de vanter la simplicité de Fabricius, quand on ne s'est pas éprouvé aux mollesses de la civilisation. Mais Chamfort avait été le bienvenu des salons, il avait pu étudier dans des heures privilégiées les femmes d'esprit et les grandes dames, et il avait respiré l'odeur des boudoirs aristocratiques. Il mérite d'être écouté lorsqu'il résume ainsi son expérience des femmes : « Elles sont faites pour commercer avec notre faiblesse, avec nos folies, mais non avec notre raison; il existe entre elles et les hommes des sympathies d'épiderme, et très peu de sympathies d'esprit, d'âme et de caractère. » Et encore : « La société, qui rapetisse beaucoup les hommes, réduit les femmes à rien. » Familier des plus grands seigneurs pendant longtemps, lié avec tous les gens de lettres, ayant compté pour amis des philosophes, des ministres, des chefs de parti, choyé partout où il avait passé, il s'avoue enfin que ce qu'il a tiré de meilleur de ces belles relations, c'est un profond dégoût : son opinion ne peut être négligée. Il écrit : « Celui qui à quarante ans n'est pas misanthrope, n'a jamais aimé les hommes », et il se jette à près de cinquante, malgré son désabusement et sa misanthropie, dans la tempête où le monde doit se renouveler, il s'y jette comme les fanatiques de fraternité, comme les amants les plus dévoués du genre humain. Est-ce de la folie qu'il y a dans cette contradiction, ou bien est-ce de l'héroïsme ?

La révolution s'était épuisée à produire un empire. La pièce commencée en dithyrambe, continuée en tragédie, avait fini comme *le Bourgeois gentilhomme*. Les acteurs, dispersés, s'étaient mis à écrire leurs mémoires, ou bien, n'ayant fait que changer de table, ils prolongeaient la fête, aux dépens du même parterre qui n'osait les chasser ni les siffler. Pendant qu'ils disparaissaient un à un, il est aisé de comprendre que les fils, devant un tel résultat, se soient demandé avec stupeur ce qu'avaient au juste voulu faire leurs pères, et qu'ils se soient mis à commenter confusément et à interpréter en sens contraires ce texte bizarre. La religion, sapée d'un côté par l'histoire et de l'autre par la science, n'avait plus rien à donner, quoiqu'elle se couvrît d'une nouvelle écorce. Le plus énorme effort, dont les forces humaines fussent capables, avait échoué misérablement. Il semblait que l'humanité fût au bout de son rouleau. Que res-

(1) Il a été impossible de savoir si notre malheureux ami avait lu la *Notice sur Chamfort*, par Stahl, notice vraie et charmante, comme tout ce qui sort de la plume de ce spirituel écrivain.

tait-il à faire, sinon à s'enfoncer avec René dans les forêts vierges, ou bien avec Obermann dans les gorges alpestres, pour s'y entretenir avec les eaux, et les nuages, et la nature, ou bien, si l'on ne pouvait sortir du vieux monde, à se détirer du matin au soir comme la femme délaissée qui appelle un nouvel amour, au risque de rencontrer un nouveau perfide, en s'écriant sur tous les tons : « Je m'ennuie! »

Cette disposition s'était manifestée dans quelques esprits de natures très différentes ; mais elle s'était propagée très vite, parce qu'on avait découvert un certain charme au fond de cet ennui. Après la longue hilarité du siècle de Voltaire, terminée par la terrible symphonie de la *Carmagnole*, de la *Marseillaise* et du *Ça ira*, ces doux monologues se faisaient écouter avec plaisir. Cette corde est brisée tout à coup, et c'est grand dommage. Mais quoi, la mode était gâtée par les maladroits! On peut rire pendant cent ans, et plaire ; on ne peut pas pleurer tout un jour sans que les yeux se gonflent et que le nez rougisse.

La France s'est aperçue à temps qu'elle devenait laide ; elle a repris sa gaieté et n'a plus eu de dents que pour sourire. Quel malappris oserait aujourd'hui lui tenir des propos moroses?

Sa destinée est de se laisser majestueusement

admirer et adorer. Parle-t-on de la France au dehors, en Allemagne, en Angleterre, en Suisse, en Italie, les idées que ce nom réveille aussitôt sont si riantes, la joie qu'il répand dans les cœurs est si vive, que les coins de toutes les bouches montent vers les oreilles, que tous les nez se rident, que tous les sourcils se relèvent, que tous les yeux s'allument comme des tisons. Il faut la modestie française pour n'être pas bouffi d'orgueil à la manière dont le nom de la France est accueilli partout.

Je crains seulement que cet amour ne soit mêlé d'un grain d'envie. S'il est vrai que le bonheur se compose de trois choses, des souvenirs agréables, un présent supportable, un avenir assuré, la France est trop heureuse.

Quel peuple a des souvenirs comparables aux siens ? Tous les genres de grandeurs et de vertus brillent dans son histoire, à l'extérieur des triomphes qu'elle n'a jamais achetés trop cher, à l'intérieur une existence d'abnégation sous des princes incomparables. Si elle a été un instant mécontente de l'ancien régime, la réflexion et la philosophie l'ont ramenée à des sentiments meilleurs ; elle sait ce qu'elle lui doit, et s'honore de le respecter, sans cesser pour cela d'être fière de la révolution, au même titre que les beaux fils de mon faubourg sont fiers des croisades.

Il ne lui manque rien aujourd'hui pour qu'elle puisse se placer elle-même, avec le consentement unanime de tous les peuples, à la tête des nations civilisées. Ses cités coulent leur existence ignorée et heureuse, selon le mot du sage, puisqu'elle n'a pas d'histoire. Sa capitale resplendit des clartés du gaz à bon marché. L'architecture renaît ; ses maisons, alignées et uniformes comme ses régiments, ont des façades sur lesquelles on peut admirer une éruption de guirlandes, de mascarons, de soffites, de bas-reliefs et de cariatides. Les théâtres fleurissent, les routes sont sûres, les marchés bien pourvus ; et aux arts de la paix nous joignons par intervalles, à nos heures et à coup sûr, les douceurs de la victoire.

L'avenir est plus riant encore que le présent. Qui ne se félicite en se couchant de pouvoir s'endormir sans souci du lendemain? Qui n'attend à son réveil quelque surprise agréable? Qui ne salue d'avance les années qui viennent, apportant à notre couronne quelque nouveau fleuron, nous tenant en réserve de nouvelles gloires et de nouvelles grandeurs morales [1]?...

---

(1) Ici l'auteur, se livrant sans réserve à son enthousiasme, a paru trop prolixe et nous avons supprimé plusieurs pages. Ces grandeurs morales, dont il parle, sont si éclatantes, qu'il est assez superflu de les indiquer. Le lecteur peut en dresser lui-même aisément le catalogue.

Il n'y aura plus de pessimistes en France : c'est une espèce d'hommes perdue pour elle. Déjà poètes, historiens, philosophes, tous les écrivains, favorisés ou maltraités par le sort, ne respirent plus que sentiments de complaisance et d'admiration, ravissements lyriques, effusions d'amour. Les uns sont éblouis du passé qu'ils racontent, d'autres célèbrent un avenir de merveilles inouïes, les plus nombreux ne tarissent pas sur le bonheur dont nous jouissons.

Quant à moi, je trouve un plaisir toujours croissant à étudier ces auteurs ; je les lis nuit et jour afin de me pénétrer mieux de la reconnaissance que je dois au ciel pour m'avoir fait naître en France et au xix° siècle.

V

> Pol, me occidistis, amici,
> Non servastis, ait; cui sic extorta voluptas,
> Et demptas per vim mentis gratissimus error.
>
> HORACE.

> Aber frei von jeder Zeitgewalt
> Die Gespielerin seliger Naturen,
> Wandelt oben in des Lichtes Fluren,
> Göttlich unter Göttern, die Gestalt.
>
> SCHILLER.

S'il vous arrive de rencontrer, à genoux au pied d'un hêtre, un bûcheron disant son chapelet devant une madone de bois, gardez-vous de sourire. N'allez pas, quand bien même ce pauvre homme vous ferait penser à la foule innombrable des âmes captives pour qui la lumière ne luira peut-être jamais, vous donner le plaisir d'essayer en un quart d'heure une conversion philosophique. Car vous risqueriez de lui enlever inutilement les cinq minutes de repos qu'il prend ici tous les soirs après une journée de travail.

Vous ne parlerez pas au jeune amoureux, qui soupire et qui pleure, du lendemain inévitable où, se réveillant de son amour, las et rassasié, il verra celle qu'il adorait sortir tout à coup de sa nuée angélique et lui apparaître comme une messaline insatiable ou une maritorne stupide. Vous lui cacherez soigneusement la cruelle découverte qu'ont faite avant lui tous ceux qui ont aimé, et qui ne lui sera pas épargnée; vous recevrez avec patience, peut-être avec envie, ses folles confidences.

Vous ne direz pas à l'enthousiaste de vingt ans, prodigue de dévouements insensés, qui rêve pour ses semblables la félicité dans la justice et veut contraindre les sociétés à la raison, vous ne lui direz pas quel prix lui est réservé, car il ne s'en soucie guère; mais vous ne lui direz pas non plus que, le jour où il apercevra la vérité, il reculera d'épouvante, que l'humanité a beau se plaindre et changer de jougs, son lot est d'en porter toujours, qu'enfin il poursuit vainement l'ombre des châteaux édifiés dans son cerveau. Vous l'aimerez mieux tel qu'il est, prêt à sacrifier sa vie et le monde entier à l'image qu'il porte dans le cœur, impatient, perdu d'avance par sa folie, que sage d'une expérience infuse. Vous préférerez sa déraison à cette précocité de sagesse, qui promet une maturité plate et une vieillesse déshonorée.

Mais il est, dans les pays où sont concentrées toutes les clartés de la civilisation, des hommes qui se vantent d'avoir voué toutes leurs forces à la vérité et qui travaillent à dissiper les illusions de leurs semblables; cependant ils ont tout dit, lorsqu'ils ont prononcé avec recueillement les mots de vertu, de gloire, de patriotisme, de poésie, de Dieu. Ces mots, dont ils abusent à tout propos, leur donnent une réputation de gravité qui fait qu'on les écoute partout. Vous pouvez démentir sans remords ces faux oracles.

Ils se piquent d'avoir vécu puisqu'ils entreprennent d'enseigner la vie aux autres, et ils ne sont plus d'âge à être trompés par les superstitions dont le vulgaire est charmé. Cependant, non contents de répéter encore aujourd'hui, malgré la conduite journalière de chacun qui dépose contre eux, malgré la profession de foi des plus grands génies, les thèmes paternes d'un optimiste abêtissant, lorsque par hasard la vérité jaillit d'un cœur qui ne veut rien cacher et vient éclater au milieu de leur éternelle litanie de bénédictions, ils protestent avec fracas contre ses conclusions désolantes. C'est le mot consacré, mot doux en apparence, mais terrible, car il renferme une secrète invitation à tous les affligés de s'unir contre celui qui veut secouer leur torpeur, et de refouler dans sa solitude la bête malfaisante qui vient troubler la paix du troupeau.

En leur voyant déployer tant de ferveur et élever des réclamations si fortes pour le libre examen, j'ai cru autrefois trouver en eux des hommes toujours prêts à tenter l'inconnu, à encourager ceux qui s'offrent pour affronter les premiers ce qu'on peut rencontrer dans les voies désertes, abîmes ou monstres; je les ai pris pour de hardis batteurs d'estrade qui s'élançaient sans regarder en arrière sur des chemins infréquentés. Lorsque je me suis approché d'eux, j'ai vu des lévites craintifs, rangés dans des attitudes solennelles sous leur péristyle académique, faire la garde autour de l'arche où se conservent les spécifiques qui endorment.

Plusieurs sont sincères, à ce qu'on assure; leur indignation contre quiconque touche au sanctuaire part d'un esprit que la vie et l'étude ont plongé plus avant dans ses illusions. Alors il n'y a rien à dire sinon qu'en les envoyant si tard dans un monde sillonné en tous sens par les doutes et les blasphèmes, la nature s'est trompée d'époque. Retirés au fond des forêts de l'Inde, sur la rive des fleuves où le lotus fleurit, ils auraient pu, dans la compagnie des perroquets sacrés et des antilopes, pratiquer en parfaits solitaires le culte de Brahma. Ils auraient pu encore, couchés sur une natte de paille dans les grottes de la Palestine, vêtus d'un sac comme saint Jérôme, apprivoiser à force de foi les lions d'Arabie, et servir à l'édification des pèlerins. Ils auraient été au x° siècle l'honneur de quelque monastère, ils auraient eu des visions, et des miracles se seraient accomplis sur leurs tombes. Au xvii° siècle on eût pu les voir, quoique les temps fussent déjà bien changés, briller parmi les directeurs spirituels dont parle La Bruyère, si élégants, si bénins, si choyés, si nécessaires dans les familles pour pacifier les différends des époux, pour régler les lectures des jeunes filles, pour apaiser les ennuis secrets des mères.

Nous n'avons plus rien de commun avec eux ni avec leurs idées : le pain quotidien, si difficile à gagner, voilà ce qui nous occupe tout entiers ; notre sécurité, toujours si menacée, voilà le seul souci que nous ayons. La langue de Démosthène, de Plutarque et de Xénophon est devenue aussi étrangère que celles de Jean Tauler, de Thomas Akempis et de Mme Cornuel à des esprits que remplissent tant de calculs et tant d'impiétés. Nous pouvons contraindre nos lèvres à redire encore les mots qui ont plus d'une fois soulevé le monde, mais non pas notre pensée à y trouver encore un suc. L'analyse les a dépouillés de leur mystère, et ce qu'elle a fait est irréparable ; on ne se crée pas une ignorance factice, on ne conserve pas sa foi comme on conserve une relique dans l'esprit-de-vin. Il n'y a pas d'ivresse, pas de haschisch ni d'opium, pas de brandy ni d'absinthe, qui puisse nous ramener pour un jour à notre idolâtrie d'autrefois.

La terre ne verra donc plus les grandes choses des temps passés, et l'homme, chaque jour plus riche de connaissances dues au mécanisme puissant de ses méthodes et non à son génie, deviendra chaque jour plus petit, et continuera de glisser sur la pente qui l'entraîne vers l'abrutissement. Les masses, qui baissent à mesure que les vieilles croyances pâlissent dans leur esprit où elles sont déjà plus qu'à demi effacées, réduites à ne connaître jamais qu'une demi-liberté et une demi-lumière, seront de plus en plus conduites par des instincts redoutables. Et l'humanité étiolée retombera peu à peu à l'état misérable où elle était le jour de sa naissance, mais cette fois sans espoir d'en sortir.

Non, l'homme a trouvé le salut dans son cœur. S'il est vrai que les masses ne soient pas faites pour la vérité, qu'elles soient condamnées à ne plus croire et à ne jamais penser, nul ne le sait. Mais quelques hommes ont trouvé dans le cœur un amour indestructible, à l'abri duquel se conserveront tous les autres, l'amour du beau.

Le destin, il est vrai, a enchaîné les choses depuis bien des siècles avec une adresse désespérante pour affaiblir toutes les nobles croyances, pour enfermer l'activité humaine dans un cercle d'où elle ne puisse sortir et où elle finisse par s'éteindre. Mais l'art humain a été le plus fort. Privée en apparence de toute bonne raison d'agir, chassée de position en position par les victoires successives de l'expérience historique et de l'analyse des idées, la volonté humaine a trouvé enfin un roc imprenable, où elle s'établit pour reconquérir pied à pied ce qu'elle avait perdu. Il n'y a pas de patrie, la gloire est un leurre, la vertu est un piège, la vérité affreuse ; soit, mais elle n'en travaillera pas moins pour la patrie, pour la gloire, pour la vertu, pour la vérité, parce que cela est beau. Elle a découvert cet argument dernier, que le destin et la réalité ne peuvent renverser, qui triomphe de tous les mécomptes, qui revient encore quand toutes les espérances ont été déçues, qui n'a pas besoin d'être démontré pour être efficace, parce qu'il a sa racine dans la fibre la plus intime de la nature humaine.

Pour se distinguer de la brute, qui vit seule avec sa femelle et ses petits, étrangère aux générations de créatures semblables à elle qui existent à côté de sa tanière, comme aux générations qui l'ont précédée et à celles qui la suivront, l'homme invente presque un jour la patrie, et aussitôt il sent pour son œuvre un amour infini. Jamais depuis lors le destin n'a cessé de s'efforcer, soit par ruse, soit par violence, d'étouffer ce sentiment dans son cœur.

D'abord il a soulevé la patrie elle-même contre ceux qui la chérissaient le plus. Afin de tuer dans son germe le dévouement patriotique et de ramener l'individu dans le cercle bestial de la jouissance solitaire, il a fait la patrie ingrate et persécutrice. Il a imaginé l'ostracisme pour épouvanter les héros. Car le destin se plaît à choisir parmi les plus grands les victimes du patriotisme, et accable, au contraire, de ses faveurs les lâches et les traîtres. Cette fois pourtant le destin a été confondu ; c'est en pure perte qu'il a rempli l'histoire d'Aristides et de Brutus : il s'en est sans cesse élevé de nouveaux.

Puisque la prévision assurée du martyre ne faisait qu'attiser l'amour de la patrie au lieu de le détruire, le destin s'est avisé d'un autre stratagème. Il a concentré dans une seule main, main brutale le plus souvent, ou bien il a éparpillé dans celles de la multitude aveugle et servile toute la puissance d'agir, tous les moyens de servir la patrie, ne laissant aux âmes vaillantes, aux génies les plus hauts que de stériles vœux. Si quelqu'un de ceux-ci était poussé par une impulsion irrésistible à essayer de faire plus, il se sentait entravé par mille liens dès le premier pas, ou bien il était forcé d'emprunter presque toujours à des conditions honteuses ses moyens d'action à la foule qui détient la puissance. Que de fois, en gémissant sous le poids de l'omnipotence du nombre, méconnues, abandonnées, de nobles natures ont été, après de longs et inutiles efforts, tentées d'oublier la patrie! Mieux vaut encore l'ostracisme que l'impuissance. On peut être sans honte dévoré par un lion, mais il est humiliant de périr étouffé dans une fourmilière. Beaucoup ont résisté encore à cette épreuve; ils se sont obstinés dans leur dévouement, ils ont renouvelé sans fin leurs tentatives, et il s'est trouvé que ce patriotisme, en isolant l'homme de la masse, le plaçait sur un piédestal où il était une cible, mais en même temps une statue.

L'hypocrisie réussit là ou la violence échoue. Le patriotisme étant regardé comme une vertu, il exerçait son empire sur les esprits généreux, et les égoïstes eux-mêmes l'affectaient, s'ils ne le ressentaient pas. C'est pourquoi le destin se mit à forger des vertus nouvelles, propres à contre-balancer celle-là, et finalement à la détruire.

Premièrement, il en produisit une, jusque-là obscure, qui consiste à ne s'occuper que de ses affaires et du bien-être de sa famille. Il lui donna pour appuis toutes les faiblesses qui sont dans le cœur de l'homme : la crainte de l'inconnu, la passion du repos, la paresse, l'amour de la femme, tous les excès de la tendresse paternelle. Cette invention a eu un merveilleux succès. Maintenant elle est une partie intégrante de la probité, elle entre dans la définition de l'honnête homme qui doit user utilement de son temps et ne pas gaspiller au loin ses affections. Le vrai patriotisme consiste à faire des enfants, à les vêtir et à les nourrir, eux et leur mère, à conserver leur héritage et à l'accroître, surtout à leur inspirer par le bon exemple et une éducation saine le goût exclusif de cette grandeur domestique pour qu'ils ne visent jamais à des mérites plus ambitieux. Rare habileté du destin! La pratique patiente de cette vertu est devenue le meilleur moyen de s'emparer de la direction des destinées nationales. L'absence d'ambition a été la première condition de succès pour les ambitieux. Il n'est pas étonnant que ces pères de famille, quand ils étaient hommes d'État, aient porté dans les affaires publiques l'esprit qui avait fait leur prospérité privée, la savante et régulière économie de l'administration, le respect de la fortune, l'entente de leurs intérêts, l'attachement à leurs parents, alliés, neveux et arrière-neveux. Du reste, toujours modestes, ils ont saisi la première occasion de se décharger des soucis et de la pensée de la patrie, afin de cultiver sans distraction les vertus de leurs goûts. Pleins d'une juste reconnaissance pour ceux qui les ont débarrassés de ce fardeau, ils leur ont tout donné, et ils n'ont plus eu qu'une crainte, c'est que ces chefs désintéressés ne vinssent un jour les appeler de nouveau à partager les fatigues de la chose publique.

Cette savante combinaison a failli faire tomber en désuétude l'ancien patriotisme ; je ne saurais dire vraiment comment il a été sauvé d'un discrédit complet. Serait-ce qu'il est des natures moins casanières ou moins propres au soin des intérêts domestiques, des caractères remuants qui ne peuvent demeurer en paix, à qui une carrière plus libre, le forum, le tumulte, les débats, les luttes sont nécessaires ? Le destin, pour guérir sans doute cette espèce d'hommes, inventa contre le patriotisme une seconde vertu. Cette vertu sublime a été son coup de génie, elle s'appelle le cosmopolitisme. Quoiqu'elle paraisse l'opposé de la précédente, elle s'y allie pourtant avec la plus grande facilité. On ne travaille que pour soi, mais on aime l'univers, et l'on se dispense ainsi de penser à la patrie. Il est d'une âme étroite et d'un petit esprit de croire que, malgré la vapeur et les ballons, il y a encore des déserts, des mers, des montagnes qui circonscrivent les peuples, qui les groupent par d'indéfinissables affinités d'organisation et d'âme. Rien n'est plus mesquin que de nourrir, pour le misérable canton de la terre où le hasard nous a fait naître, cette prédilection passionnée qui ferme le cœur à la fraternité universelle et l'esprit à la grande pensée humanitaire. C'est ainsi qu'à la place de ce patriotisme qui creuse une ligne de démarcation entre le Grec et le barbare, se compose d'orgueil et d'ignorance, de rivalités et d'antipathies, de rancunes et de craintes, s'est introduite cette tendresse vague pour le genre humain, laquelle trouve pénible et trouvera bientôt injuste de refuser aux singes le titre de nos concitoyens. Auprès d'elle, le patriotisme est une religion stationnaire et un sentiment rétrograde. Habillée de philosophie, cette haute vertu allait absorber peut-être le patriotisme, si celui-ci n'avait reparu à l'improviste sous la forme des « nationalités » et des races.

Le moment était venu pour le destin d'employer contre le patriotisme son arme la plus perfide et la plus dangereuse. Il avait tout essayé pour anéantir le patriotisme, et tout

essayé en vain ; il l'a enfin reconnu, mais il en a
fait un masque. Le dévouement à la chose publique a été un expédient pour faire fortune.
On s'est jeté dans le martyre comme dans une
spéculation. L'inflexibilité superbe et le désin-
téressement sont devenus une profession, exposée sans doute comme les autres à des chô-
mages qu'il faut traverser patiemment, à une
concurrence déloyale, à des mécomptes, à des
faillites, mais qui, au rebours de toutes les
autres, recueille le fruit de ses peines aux temps
de révolution. Le patriotisme s'est transformé
pour beaucoup en un champ qu'on laboure, en
une propriété que le père lègue aux fils, que les
frères se partagent et dont de temps en temps
on tire une rente.

Le destin n'a rien pu trouver de plus fort pour
effrayer les âmes fières que le dégoût de se
trouver mêlé à cette foule intrigante, que la
honte d'encourir avec eux le mépris qui s'attache au nom de simoniaques. Il s'est épuisé
dans cette manœuvre suprême, et il a été
vaincu. Le patriotisme n'est pas mort, il durera
éternellement. Toute âme éprise du beau gar-
dera le culte de la patrie, uniquement parce
que ses souvenirs, ses grandeurs, ses génies,
ses beaux jours, ses infortunes, son avenir, tout
cela forme une idée qui relève, ne fût-ce qu'un

instant, l'homme accablé par les intérêts vulgaires, réprime en lui la bête toujours prête à l'envahir, élargit l'horizon de ses pensées, et de laquelle il peut dire ce que le poète a dit de Dieu : *Os homini sublime dedit.*

L'amour de la gloire a été perverti comme le patriotisme, et il subsiste comme lui. Cet amour était un de ses appuis dans les temps passés: il se mêlait à toutes les grandes choses de la terre. Qu'est-il devenu aujourd'hui, et qu'est-ce qui le distingue de la plus ridicule vanité? Depuis la simple réputation jusqu'à la gloire, en passant par les degrés intermédiaires de la popularité, de la renommée, de la célébrité, de l'illustration, s'étendait une hiérarchie dont on a peine à reconnaître les rangs, tant ils sont rapprochés ou plutôt confondus. Il y a des jours où la gloire d'un grand homme pâlit auprès de celle d'un acrobate. Boileau et le prince de Conti pouvaient discuter entre eux sur la supériorité de la gloire d'Homère ou de celle d'Alexandre, et ils n'avaient, pour vider le débat, qu'à interroger sur ces deux noms le premier manant qu'ils rencontraient. Aujourd'hui Roscius ferait tort à Cicéron, Robert Macaire éclipserait Richelieu, Vivier ferait de l'ombre à Corneille, Léotard ferait oublier Thémistocle ou Garibaldi.

Il existe aujourd'hui une seule échelle certaine de la réputation, c'est le nombre de fois qu'un nom est imprimé chaque année. Les journaux sont l'aiguille infaillible qui marque l'état de la gloire. La distribution de la gloire est, en effet, le triomphe du suffrage universel; les voix se comptent, elles ne se pèsent pas; les éloges se supputent et se mesurent, la qualité de celui qui les donne est indifférente. Il y a plus, la gloire est d'autant plus éclatante et plus solide qu'elle provient d'admirateurs plus naïfs, pour qui les titres vrais ou faux de cette gloire sont et resteront un mystère à jamais impénétrable. Aussi tel personnage est plus *glorieux* d'entendre murmurer son nom derrière lui dans un quartier de chiffonniers, que des hommages qui lui sont rendus par ses collègues de l'Académie.

L'industrie moderne s'est enrichie d'un art nouveau, qui n'est pas un des fruits les moins admirables de la civilisation, l'art de fabriquer la gloire. Les journaux en sont les ateliers. Il n'y a point de génération spontanée de la gloire. On la couve, on la nourrit, mieux encore, souvent on la produit de toutes pièces; mais il y faut des soins. Ceux qui la font et ceux pour qui elle est faite pourraient seuls dire ce qu'elle a coûté, lorsqu'elle commence à grandir, de ménagements, de démarches, de caresses, d'application, de prévoyance, d'entregent. Le marchand de chocolat, le capitaine, le ministre, aussi bien que l'artiste, l'avocat ou le poète, connaissent ces soucis : car nul n'en est dispensé.

La foule ignore ces secrets, et il n'est guère possible de les deviner du dehors; cependant la pratique générale des écrivains a fait connaître un ou deux procédés, qu'il est permis de signaler. Le premier, qu'on ne saurait trop recommander aux jeunes écrivains et que plusieurs se repentiront éternellement de n'avoir pas appliqué, est de louer largement leurs devanciers déjà célèbres. Le second est à l'usage de ceux-ci, et consiste à ne jamais laisser une mention de leur nom sans réponse, à solder sans retard le plus petit éloge imprimé par une montagne de compliments manuscrits, à devancer même l'éloge de temps en temps par un encouragement adressé à l'écrivain encore inconnu, que la célébrité attend. C'est un point essentiel, facile d'ailleurs à observer, que de ne pas ménager les termes. On ne s'imaginerait jamais l'efficacité de ce procédé, quand on l'emploie avec persévérance. Mais les grands écrivains l'apprécient, et plus d'une fois un correspondant peu discret a publié de ces lettres, toujours instructives, où l'on ne sait qu'admirer le plus de la bienveillance infinie des illustres, ou de la sagacité qui leur fait deviner dans le barbouillage d'un novice le talent qu'eux seuls y voient et qui annonce toujours un si bel avenir. Grâce à Dieu, le goût des autographes se répand, et les collectionneurs mettront, j'espère, un jour, le public à portée d'apprécier la fécondité de formules au moyen desquelles les gloires, que tout le monde reconnaît aujourd'hui, ont formé et recruté sans cesse leur armée d'admirateurs utiles.

On connaît encore un autre procédé, assez difficile en apparence à mettre d'accord avec le précédent, mais qui ne laisse pas d'y être toujours associé, c'est de proclamer à tout propos la compétence supérieure du public, de reconnaître l'infaillibilité de son suffrage, de décliner tout autre jugement que le sien. Dans notre âge démocratique, le moyen de dompter l'opinion publique et de la trouver docile est d'exalter sa justice et sa toute-puissance. Il s'entend de reste que l'opinion publique ne se sépare pas de son interprète naturelle, la presse. Le respect de la presse est une loi inviolable. On a vu le mot de gazetier, prononcé avec mépris au théâtre, soulever contre l'écrivain illustre, auquel ce mot malencontreux avait assurément échappé par mégarde, une clameur de réprobation et provoquer pour un certain temps contre lui la terrible conspiration du silence. Gazetier, folliculaire, ces mots qui impliquent vénalité, basse malice, abus lâche de la publicité, expriment une chose ancienne, dont il ne reste pas la moindre trace au XIXe siècle.

La gloire dans sa perfection ne serait-elle pas un produit exclusivement parisien? Toujours est-il que, si elle se trouve ailleurs, elle n'y a pas la même qualité et surtout ne se fait pas aussi vite qu'à Paris. C'est qu'il n'est pas de lieu au monde où l'emploi des procédés que j'ai indiqués et de beaucoup d'autres soit aussi complet; nulle part aussi, camarades, admirateurs de toute espèce, journaux, public, tout ce qui est un outil de gloire, n'opèrent avec le même ensemble dans la main qui sait s'en servir habilement. Les acteurs ont un moyen bien connu, moyen candide et franc, de se tenir en verve et d'éperonner le parterre rétif à l'admiration : ce moyen est le symbole de ceux qui font à Paris la réputation. Toutes les gloires doivent, à ce qu'on assure, venir à Paris se faire consacrer, et en effet elles y viennent. Je le crois bien, Paris est la claque de l'Europe.

Il s'y forme du soir au matin des renommées immenses, qui projettent aussitôt leur grande ombre sur les petites réputations pour les proléger ou pour les étouffer. Ces renommées colossales se décomposent, s'émiettent pour qui les regarde de près, en compliments officiels dénués de signification, en flagorneries d'amis qui se clignent de l'œil les uns aux autres derrière le grand homme et se gaudissent entre eux de sa bêtise, en éloges répétés sans bonne foi par ceux qui veulent opposer une coterie à une coterie, en admirations ineptes que la foule accorde sans compter sur les sommations des critiques. Ces admirations sont les seules sincères. La gloire est un impôt qui tombe à peu près tout entier sur la roture intellectuelle et dont savent fort bien s'exempter tous ceux qui se placent au-dessus du tiers état des esprits, qui approchent de la personne du prince, valets ou courtisans.

Le monde ne manque pas d'hommes médiocres que la réputation, acquise à ce prix, gonfle d'orgueil; mais comment se fait-il que de telles caricatures de la gloire séduisent jusqu'à de nobles esprits qui n'ont pas le courage de les mépriser, quoique peut-être ils rougissent en secret de leurs succès? Le besoin de plaire à ses semblables est-il donc si impérieux dans l'homme, et l'instinct de sociabilité veut-il des applaudissements quels qu'ils soient, comme le besoin d'affection fait rechercher, à défaut de sympathies humaines, les caresses d'un chien?

Du moins cet instinct, si vanté qu'il soit, n'a rien de commun avec le pur amour de la gloire qui brûle encore dans plus d'un cœur. Il en est qui repousseraient cette promiscuité de leur nom avec ceux des baladins de toute espèce que la multitude acclame; et, s'ils aiment la gloire, ce n'est pas celle qui se débite dans les carrefours, mais celle qu'on recueille dans l'entretien des meilleurs de tous les temps, et dans cette conversation avec les héros, dont le génie des anciens avait fait la suprême félicité des Champs Élysées. Il est beau, en effet, d'entendre le dialogue des grandes âmes qui se répandent à travers les siècles, plus beau de s'y mêler, si l'on peut. Cette gloire n'est pas sans doute un bien palpable, qui se réalise, comme la gloire dont la foule est avide, en argent, en décorations, en statues, en panégyriques posthumes, en salutations de badauds amassés sur le passage de la plus sotte célébrité; elle est moins que cela, puisqu'elle n'est rien de maniable et de positif, elle est plus que cela pourtant, puisque le pessimiste le plus déterminé peut aimer cette gloire, et trouver cette fumée la chose la plus nourrissante que la terre ait à donner à ceux qui l'honorent.

Qu'on songe, pour ne pas trop s'étonner de l'attrait qu'une chimère si vide peut avoir pour un pessimiste, que pessimisme et poésie n'ont jamais été séparés. La fonction des poètes a toujours été de gémir sur l'évanouissement irréparable des splendeurs du passé. Ces regrets de splendeurs, qui ne sont pas elles-mêmes moins imaginaires que tout le reste, veulent dire non seulement que le beau ne fleurit que dans la pensée, mais que le présent, c'est-à-dire la vie, est l'âge de fer éternel, froid, perçant, inflexible, stérile comme le métal. Bien loin de semer le découragement en révélant ce que la vie contient de néant, ils communiquaient leur sérénité avec le mépris de la réalité. Homère, Sophocle, Shakspeare, tous les vrais peintres de l'infortune humaine, sont la société la plus fortifiante, les maîtres aux conseils salutaires, parce qu'ils ne donnent pas le change sur la vie et ne se sont pas laissé tromper aux feuilles de roses dont la nature en a recouvert la surface. Ils sont la voix du destin qui affermit au lieu d'abattre, et c'est en peignant la fatalité de la douleur qu'ils enseignent à supporter la douleur.

On n'a jamais vu que de nos jours les poètes prendre à tâche de nous faire aimer le monde et de nous enchanter de la vie. Ils ne veulent plus aujourd'hui tourner leurs regards que vers l'âge d'or qu'ils voient approcher et dont les reflets illuminent déjà leurs fronts. Ils sont les prêtres du saint-simonisme, les juifs et les apôtres du régime industriel, puisqu'ils ont conquis à leurs espérances terrestres jusqu'aux amants de l'idéal. Ceux qu'on appelle les mortels ennemis de toute poésie, c'est tous les interprètes de la vie dont les cruelles vérités nous troublent dans nos croyances joyeuses. Nous voulons que les poètes adorent, comme nous, le présent, ne nous parlent que du printemps, ne nous promettent que d'heureux lendemains ; nous ne voulons trouver dans leurs vers que fleurs, sourire et soleil. Nous conspirons tous, poètes, lecteurs, philosophes, politiques, pour fermer à la vérité l'accès de la poésie. Illusion et poésie sont devenues pour nous une même chose.

Qui ne comprendrait après cela pourquoi la poésie est aujourd'hui un passe-temps de femmes et de jeunes gens ? Il n'est pas besoin d'être géomètre pour demander d'un volume de vers : « Qu'est-ce que cela prouve? » Cette question s'élève en même temps qu'un profond ennui au fond du cœur de tout homme qui a vécu et à qui les sons ne tiennent pas lieu de pensées. Si vous voulez croire aux poètes, ne les pesez pas, je dis les plus illustres, dans la balance de la vérité, vous les trouveriez trop légers. Les femmes et l'amour, les flagorneries aux contemporains, les promesses de fraternité paradisiaque, Dieu et l'amas d'espérances futures et déclamatoires qui sont suspendues à ce grand nom comme des franges dorées au bord du nuage, préjugés, métaphores, paroles qui bercent mollement les intelligences assoupies mais font amèrement sourire ceux qui sont éveillés, voilà tout le fonds poétique qui nous reste. Les chansons de nourrice valent mieux pour appeler le sommeil ; elles sont naïves au moins et ne prétendent pas éclairer les enfants qu'elles veulent endormir.

Cette poésie a besoin de demi-jour ; elle se dissipe comme une vapeur devant une intelligence du XIXᵉ siècle. A quoi pouvaient servir ces rivalités d'écoles, la liberté sans limite substituée à la discipline, l'imitation détrônée par la fantaisie, les féeries du moyen âge mises à la place de l'Olympe hellénique ? Hélas ! nous sortons tous de l'école de Voltaire et de Hegel, de Lavoisier et de Laplace, de Bichat et de Cuvier, et nous ne pourrions plus entendre, n'était la puissance d'une longue habitude, ces radotages mythologiques et ces souvenirs confus d'une langue dont nous n'avons plus la clef. On sourirait peut-être, si l'on n'y trouvait un sujet de sérieuse affliction, à voir les poètes répandre, avec des regards de sibylle qui perce dans l'avenir, ce déluge de mots si vieux que les races qui les prononçaient en y attachant un sens ont disparu

depuis longtemps, et que, pour en retrouver la
signification obscurcie par les révolutions historiques, il faut un redoutable noviciat d'antiquaire que les poètes n'ont jamais fait.

Nos poètes prennent en grande pitié les infortunés dont la science a desséché l'imagination,
et ils récusent leur jugement. Pour qui donc
ont-ils écrit? Qu'ils cherchent, s'ils en ont la
patience, jusqu'au fond des champs un lecteur
tel qu'ils le demandent ; qu'ils cherchent un
coin reculé de la vallée la moins visitée par la
civilisation, où la science n'ait pas mis en fuite
les follets et les elfes aussi bien que les dryades
et les nymphes des eaux? La science, ce ne sont
pas les chiffres et les formules, c'est l'expérience
qui n'a pas attendu pour tout envahir la propagande des académies : car pour transpirer, pour
s'étendre, pour circuler à grands flots, il lui
suffit des almanachs.

Mais est-il donc vrai qu'il n'y ait de poésie que
loin de la vérité, et que pour sentir l'une il
faille ignorer l'autre? Ou bien existerait-il, à
côté de la vérité scientifique, une vérité poétique
qui se dissout devant l'examen? S'il en est
ainsi, la poésie fut la langue des peuples enfants
et n'est pas faite pour l'humanité raisonneuse
et vieillie ; il n'y a pas d'autre poésie aujourd'hui que la musique ; car celle-ci suscite encore

dans l'âme la tristesse qui est le fond de toute chose, et jette l'esprit dans les sombres profondeurs de l'infini sans l'entraver par des mots dont chacun est une erreur ou un mensonge. La poésie de la fiction est impossible; un attrait fatal m'attire à la réflexion et à l'examen, et s'il faut choisir entre le miel de la poésie et l'amère vérité, dût la nature se révolter en moi, mon choix n'est pas douteux, ou plutôt le choix ne m'est plus donné. Mais je ne croirai pas à l'incompatibilité invincible de la poésie et de la vérité; non, par Hésiode, par Lucrèce, par Virgile, par Gœthe, par tous ceux qui ont écrit pour semer la lumière, je ne croirai pas qu'il n'y ait de poétique que le mensonge. Ces hommes n'ont écrit que ce qu'ils ont cru, ils n'ont cru que ce que leur raison a découvert sous le voile des illusions contemporaines. Poètes, ils sont restés les pairs des philosophes et des savants par la raison. Aristote et Euclide pourront s'entretenir avec Pindare et Euripide : leurs vers sont des flèches aiguisées par le génie pour enfoncer plus avant la vérité dans l'intelligence.

Qu'on parcoure, si l'on veut, l'histoire des grands poètes pessimistes depuis Eschyle jusqu'à Milton et Alfieri, on ne trouvera pas leur caractère inférieur à leur génie. Ils sont de niveau avec ceux qu'ils font parler. Ils pensent en

sages, ils vivent en hommes, quelquefois en
héros. Ils ne se sont pas livrés à la vie, comme
on livre à une courtisane son corps et sa dignité.
Mais qu'on vienne à prononcer aujourd'hui le
nom d'un poète, nous faisons d'abord provision
d'indulgence, comme si nous devions nous préparer à toutes les contradictions et à toutes les
faiblesses. Un mot explique pour nous ces
misères : « C'est un poète », chose légère, a dit
l'un d'eux. Nous associons l'une à l'autre
comme deux idées indissolubles celle d'organisation poétique, et celle de fragilité, de capricieuse circonstance, de défaillances répétées,
d'imagination folle emprisonnée dans une chair
indocile. Je ne sais pas jusqu'à quel point
l'histoire des poètes de nos jours vérifie ou
dément cette conjecture spontanée. Mais quand
la chronique, que je ne veux pas consulter, leur
serait défavorable et aurait raison, je ne prêterais pas ma voix à la vertu bourgeoise qui
foudroie ces pécheurs. Qui a le droit de les
condamner? Ce qui les rend si fragiles, n'est-ce
pas l'amour de la vie qui vous enchante dans
leurs vers? Joyeux ou mélancoliques, chansonniers de la grande débauche du siècle, ou
hérauts épiques de ses magnificences, tous
célèbrent les bienfaits de la nature. Est-il
étrange qu'ils prétendent en avoir leur part.

Les petits poètes remercient Dieu d'avoir fait la terre si bonne et ils faiblissent; les grands poètes ont tous chanté le néant de la vie, et ils étaient forts.

Toutefois, quand ils sont parvenus au terme de leurs aventures, nos poètes ont un moyen de se faire pardonner tous les écarts et de désarmer la morale, c'est de protester de leur attachement aux doctrines que le siècle vénère. Qu'a-t-il fallu à Henri Heine pour regagner d'un seul coup ce que sa vie lui avait fait perdre? Qu'il fît *in extremis* une profession déiste, rien de plus; les plus rigides ne lui ont pas marchandé leur indulgence. « On devient sensible et scrupuleux au lit de mort, et je me suis réconcilié avec Dieu. Oui, je suis revenu à Dieu comme un enfant prodigue, après avoir gardé les cochons chez les hégéliens. J'ai admis la personnalité de Dieu, et l'immortalité m'a été donnée par surpoids, comme le bel os à moelle que le boucher fourre dans le panier de la cuisinière. » Comme il a dû rire, le célèbre cul-de-jatte, du succès de sa dernière espièglerie? Le haut clergé de l'athéisme n'a pas manqué cette occasion de s'indigner une fois de plus contre l'apostat, tandis que les dévots de la poésie s'empressaient de passer l'éponge sur son voltairianisme libertin. L'expression de ce pieux repentir a irrité les premiers, et elle a édifié les seconds autant qu'elle les a surpris; car ils n'avaient jamais vu que le poète aimait trop la vie pour ne pas craindre la mort, et que l'amant de tant de filles devait acheter à tout prix pour l'autre monde une place dans le voisinage de Marie l'Égyptienne.

Eh bien, je ne puis être dur pour lui, parce que sa gaieté a toujours caché, je crois, une immense tristesse. Je sens mon cœur s'émouvoir malgré moi aux notes déchirantes qui à son insu éclatent, parmi les mélodies bouffonnes, sous ses doigts à demi paralysés. Je regrette ses versatilités, je m'afflige de tant de génie gaspillé en gamineries, je ne me cache aucune de ses misères, mais je vois une larme sincère couler le long de sa joue, et les sévérités expirent sur mes lèvres. A travers ses colères d'enfant contrarié, sous les injures qu'il jette à sa patrie, à ses amis, à ses croyances, à ses amours et où se mêle toujours une involontaire douceur, je découvre toujours la transparence d'une âme vraiment poétique. Fragile en ses affections, prompt à suivre tout ce qui brille et tout ce qui lui promet un plaisir jusque dans la fange, il ne peut vraiment s'abaisser, et, même au milieu du cercle banal qui autour de son chevet provoque sur toutes choses ses saillies de moribond, je l'aperçois toujours dans le voisinage du ciel, dont il est fils. Il est sacré pour moi comme un rosier foudroyé. Je le vois, pauvre serpent inoffensif, darder sa langue, montrer ses dents sans venin, faire d'impuissants efforts pour mordre; mais il porte une flamme dans les yeux, et les anneaux qu'il roule dans les convulsions de l'agonie me charment encore par leur grâce étrange et leurs chatoyantes couleurs.

J'admire les génies forts, mais j'ai aussi une sympathie profonde pour ces faibles enfants qui n'ont pas su se conduire. Les brutalités qui leur sont prodiguées me rangent de leur parti. Je les aime pour les haines qui les poursuivent, et pour le talent dont le poids les a accablés. Je les aime à cause de leur nature ondoyante et féminine, mais trop vraie pour nier la douleur. Je les aime surtout pour cet amour du beau, enchâssé au plus profond de leur cœur, et qui a traversé le vice et le mal sans contracter de souillure.

Il me semble qu'il n'y aurait rien d'artificiel à rapprocher Henri Heine de Leopardi. Tous deux ont eu à un haut degré cet amour du beau. Tous deux ont connu les douleurs propres à l'âme moderne, doutes pleins d'angoisses, ténèbres, discordes avec soi-même et avec les autres, isolement, impuissance. Tous deux ont passé par cette école privilégiée de la maladie, où l'homme découvre dans ses insomnies fiévreuses tant de choses que ne sauront jamais ceux dont le corps est robuste jusqu'à la fin. Tous deux ont été poètes et pessimistes. Le pessimisme de Heine s'exprime par l'ironie. Il s'amuse à édifier des cités magnifiques, il vous y introduit solennellement, et à peine y êtes-vous entré que vous ne voyez autour de vous que l'ameublement hideux d'une habitation de sorciers, crânes vides, hiboux, chats, dépouilles d'animaux inconnus, mille choses repoussantes. Il vous transporte dans les jardins d'Armide, et voilà qu'au moment d'approcher de l'enchanteresse, vous vous apercevez que chaque fruit contient un ver, que chaque fleur exhale un poison, que chaque arbre est un mancenillier, que chaque grotte est un nid de vipères, que la magicienne est une catin. Par tempérament, Heine aimait la vie et la volupté, son pessimisme résulte des leçons forcées de l'expérience. Celui de Leopardi est une intuition immédiate. Aussi pourrait-on croire, si l'on tenait trop de compte des lamentations de Heine, que son pessimisme, très sincère pourtant, est une rancune d'ambitieux déçu, tandis que le pessimisme de Leopardi a le calme et l'inflexibilité d'un arrêt.

Heine et Leopardi n'ont pas eu peur de compromettre la candeur de leur génie poétique au frottement de la science. Ils ont abordé hardiment la philosophie, dont le nom seul donne le frisson à tant de poètes de nos jours. Mais Heine s'est arrêté à une philosophie d'emprunt, et, chose bizarre, à celle qui, en déifiant l'humanité terrestre, en ne reconnaissant qu'elle, a donné un grossier démenti aux dépositions les plus assurées de la science depuis Copernic, et poussé l'optimisme jusqu'à la bêtise. Aussi Heine a-t-il cru échapper à l'esclavage, quand il en est sorti, et a-t-il fini à son égard par un injurieux désaveu. La philosophie de Leopardi est sortie tout entière de sa pensée ; elle n'a jamais porté l'odieuse livrée d'aucune école, et est restée dans sa nudité chaste et charmante. Leopardi a eu cette sagesse profonde de ne pas vouloir donner à ses pensées philosophiques une rigueur que ces spéculations ne comportent pas. L'horreur de ces conclusions premières, qui, vraies ou fausses, n'ont jamais été dans sa bouche, ni une déclamation, ni un blasphème, ne l'a pas effrayé ; il s'y est tenu virilement jusqu'au bout.

On reconnaît dans Heine comme dans Leopardi le génie critique associé à la fécondité poétique la plus spontanée, à la veine la plus gracieuse et la plus fraîche. Mais Heine se laisse entraîner bien souvent par la fantaisie aux fictions enfantines, et alors sa poésie n'est qu'une songerie mélodieuse; il ne revient à la réalité vivante qu'en tombant dans la satire. Pour Leopardi la poésie est la vérité même, non pas atteinte péniblement par les procédés abstraits et incomplets de la raison, mais aperçue par une intuition directe dans laquelle toutes les forces humaines sont en jeu. Il n'a pas scindé l'homme, s'adressant en lui à l'imagination, qui s'ébat comme une bacchante ivre, tandis que la pensée se tait ou sommeille; il prend l'homme tout entier, par le cœur, par les oreilles, par l'imagination, par l'intelligence, et il le porte d'une main à la fois douce et puissante au seuil du sanctuaire sombre où repose la Vérité. Jamais il ne lui est échappé de ces vers, que la réflexion ne peut avouer, auxquels se laissent aller à chaque instant les artificiers de la parole et les purs musiciens. Leopardi est dans toute la force du mot un moderne, je veux dire par là que son besoin le plus impérieux, le plus permanent est celui de la vérité. Il ne songe pas à affranchir l'imagination, en lui ouvrant la carrière des combinaisons arbitraires, où il n'y a qu'amusement et surprises puériles, mais en la conciliant, si cette conciliation est possible, avec les rudes données de la science, avec les enseignements les plus avérés de la vie. C'est par lui, plus encore que par la perfection étonnante de la forme, qu'il se place à côté des plus grands poètes.

Au fond, une seule différence, mais profonde et qui suffit à expliquer toutes les autres, sépare Heine et Leopardi, et je l'ai déjà indiquée : Heine a caressé longtemps et nourri tant qu'il l'a pu les illusions données en naissant à chacun de nous, au lieu que Leopardi, par une vue rapide et du premier bond, presque avant d'avoir commencé à vivre, a pénétré le secret de l'existence. Ainsi s'explique la vie de Heine, pleine d'agitations et de défaillances, la vie égale et sans tache de Leopardi. Pour avoir beaucoup demandé au monde, pour avoir beaucoup attendu des hommes, Heine s'est épuisé dans ces luttes infimes, où le cœur s'abaisse, où l'imagination se salit, où l'on se roule dans la poussière avec le plus vil adversaire. Au contraire, parce qu'il avait découvert que la malignité, fruit de l'intelligence, est la règle et la loi, Leopardi, plein de gratitude à l'apparence la plus fugace de la bonté, n'a jamais connu la colère ni l'invective; bien au delà des régions où l'injure des méchants peut atteindre, son génie pur et serein a plané, les ailes toujours ouvertes.

Finalement ils ont été réduits l'un et l'autre à leur amour inné du beau pour tout soutien. Mais bien que cet amour ne se soit jamais éteint dans l'âme de Heine, il ne l'a pas préservé de chutes douloureuses, qui ont failli donner raison aux outrages d'ennemis qui valaient moins que lui ; il ne l'a arrêté qu'à grand'peine sur la pente de l'avilissement. Ce même amour a suffi pour féconder le génie de Leopardi ; il a conservé à son caractère sa pureté immaculée. Grâce à lui, Leopardi ose élever, sur les ruines de toutes les illusions que sa raison a faites, une bannière redoutable, et il y inscrit sa devise : « Agis sans espérer. » Et, en effet, ce sceptique travaille avec l'opiniâtreté d'un fanatique. Réduit comme tant d'autres par la misère des temps à la plume, il fait de cette plume, qui pouvait être dans ses mains un instrument de fortune, un levier avec lequel il soulève un des premiers la masse d'une nation endormie. Du mal il n'a pas conclu à l'inaction, du néant de la vie au quiétisme, de l'incurable imperfection humaine au mépris, à la haine et à la retraite. Il a travaillé pour l'Italie comme s'il espérait se faire une patrie, pour la science comme si la vérité eût été le bonheur, pour la justice comme si elle devait jamais régner sur la terre, pour la gloire, comme s'il n'eût pas su qu'elle est, ou un trafic au profit des impudents, ou un brevet que la canaille décerne à l'ineptie, ou tout au plus un hommage rendu indifféremment aux plus grands et aux plus indignes. Il a nargué la mort et la jouissance, bien loin d'embrasser leur culte, et il leur a dit : « Dieux de désespoir et d'inertie, vous avez beau me convier au sommeil, me murmurer sans cesse que jouir de l'heure est la seule sagesse, j'agirai en dépit de vous. Car je n'agis pas pour des promesses, ni pour complaire à un maître qui se revêt de ténèbres et de terreur, j'agis parce que l'action est belle. Le mal remplit le monde et la durée, mais le bien remplit ma pensée, et c'est assez pour moi. Olympes de la fantaisie, paradis de la foi, vaines et sybarites croyances, qui rassasiez les peuples affamés de toutes les voluptés que la terre leur refuse, mais qui paralysez, sous le joug qu'ils portent, leurs bras et leurs volontés, je n'ai pas besoin de vous. Mort captieuse, conseillère somnolente et corruptrice, qui tentes parfois de m'enivrer de ton filtre, qui me montres si souvent le repos éternel, tu crois bien follement tarir en moi la source de l'effort. J'ai éventé tes pièges, j'ai étudié tes séductions, et je les méprise. »

L'efficacité de l'amour du beau, telle qu'elle apparaît en quelques natures choisies, restera toujours sans doute incompréhensible à beaucoup d'esprits. Toute logique, toute éloquence échouerait à vouloir convaincre de cette puissance ceux qui ne la sentent pas dans leur cœur. Il faudrait être bien aveugle pour hésiter à reconnaître que, s'ils n'avaient pas d'autre ressort, la plupart des hommes se croiseraient les bras et se hâteraient de mourir. Mais la nature a bien pris ses mesures pour parer à un tel danger : le besoin et le plaisir continueront longtemps à mettre en branle les dix-neuf vingtièmes de l'humanité.

Qui essaiera de persuader la foule que la vie n'a que des déceptions pour celui qui, suffisamment muni de santé, d'or et de sottise, aime la bonne chère et les bons vins, le jeu, la musique, le luxe, les chevaux, et surtout les femmes, ce premier des luxes, ce chef-d'œuvre de la civilisation?

Qui donc osera soutenir au Russe en train de se ruiner à Paris, que Paris n'est pas le paradis terrestre, avec ses belles promeneuses apprivoisées, ses théâtres où les pierres étincellent sur les poitrines nues, ses promenades bourdonnantes qui offrent toutes les minutes à l'âme hébétée une distraction nouvelle, ses tentations inépuisables qui vous éperonnent sans cesse, son cliquetis amusant de mille cerveaux légers, qui résonnent comme les vessies gonflées d'air dont se servent, en guise de marotte, les fous du carnaval?

Les saisons de la terre ne se succèdent que pour varier ses délices. Il est doux dans les nuits d'hiver de se sentir frôlé par l'essaim parfumé des danseuses qui passent et repassent, mourantes, enivrées, éperdues de volupté. Les soleils du printemps sont quelquefois jolis au Bois de Boulogne. Les villes du Rhin sont un séjour amusant, quand les louis d'or, les thalers et les guinées roulent sous les râteaux, quand les banknotes frémissent entre les doigts des joueuses empourprées, quand vous n'avez qu'à choisir votre reine d'une heure parmi les Saint-Simoniennes en dentelles, émigrées au Kursaal. Il y a même un plaisir incontestable à prendre, les soirs d'été, des glaces sur le boulevard, au Café Napolitain, et à suivre, en fumant un cigare comme la régie n'en livre qu'à ses favoris, les savantes évolutions des Madeleines non encore repenties.

Tout cela est agréable et charmant, et il y a de quoi se féliciter dans certains moments d'exister, à une condition toutefois, c'est de ne pas penser. Ne pensez pas, car l'ennui pourrait vous prendre aussitôt ; la glace, tiède et fade, vous soulèverait le cœur, vous trouveriez le cigare amer, les filles vous paraîtraient de pauvres créatures dignes de pitié, le mouvement joyeux serait à vos oreilles un vacarme fatigant. Si vous pensiez un instant, vous découvririez sous toutes ces belles apparences un affreux dessous de cartes qui vous épouvanterait. Il vous arriverait ce qui m'advint un jour dans une ville d'eaux de la Suisse. C'était un lieu ravissant, où l'on voyait réunie une société élégante et exquise. Il me prit fantaisie de pénétrer dans une salle de bains, où femmes et hommes remplissaient une même piscine. Celles dont je venais, une heure avant, d'admirer, sous le fard et la soie, la grâce ou la beauté superbe étaient là, plongées dans une eau visqueuse, luisante, montrant celle-ci un bras desséché, cette autre des épaules flétries, laissant voir sans honte, car chacune avait son infirmité et sa laideur secrète, leurs corps charmants marqués de quelque repoussant stigmate, dartres, scrofules, pustules, cancers.

Le dix-neuvième siècle a reconnu que son mal est la pensée, et il n'a rien négligé pour s'en guérir. Il s'est gorgé de romans, il s'est rué chaque matin sur les journaux dans l'espoir d'y trouver la pensée rendue inoffensive à force d'être frelatée, ou bien amincie, pulvérisée au point d'être impalpable. Il a abusé des narcotiques religieux. Il a sifflé à pleins poumons la philosophie et applaudi ceux qui proscrivaient les idéologues. Il s'est mis à inventer toutes sortes de machines ingénieuses pour rendre la vie commode, et il a dépensé le surplus de sa force d'esprit en calembours. Enfin, il a tendu tous ses efforts au but que les Chinois ont atteint depuis des siècles, et qui est de remplacer par des formules toutes faites l'idée vivante, d'assujettir l'esprit à l'étiquette, de mandariner l'intelligence, car il a cru que cette discipline pouvait seule maîtriser la pensée toujours prête à percer la glace fragile sur laquelle nous glissons, pendant qu'au-dessous nous entendons bruire le torrent. Hélas! on ne peut le nier, ces expédients n'ont pas eu tout l'effet désiré, et la réflexion poursuit encore son œuvre de dissolution : le ver de mer continue encore à ronger le flanc du vieux navire échoué sur la plage.

L'alchimie et l'Amérique nous tenaient encore en réserve deux puissants poisons pour tempérer l'activité des fonctions cérébrales. Notre âge s'appellera dans l'avenir le siècle du tabac et de l'alcool; car ils ont déjà opéré sur l'intelligence des nations civilisées une modification manifeste. Malheureusement ils produisent des résultats très différents selon les variétés d'organisation physique; chez plusieurs ils irritent et assombrissent la pensée au lieu de la dompter, et il y a, comme on sait, des estomacs qui les repoussent invinciblement.

Il ne reste donc qu'un remède contre la pensée, remède presque infaillible, d'une application universelle, et qui s'approprie avec la plus grande facilité aux innombrables diversités de la nature : c'est de nourrir en soi une passion toujours affamée, qui ne laisse pas de trêve à l'esprit et qui remplit toute la vie. Certains hommes apportent en naissant de ces passions inextinguibles, qui les préservent à jamais de l'ennui et de la réflexion, telles que l'avarice, l'amour du jeu, la curiosité de l'absolu. Qu'ils sont heureux les Grandet et les Claes (1), les chercheurs de la poudre de projection, tous les possédés d'une idée, dont le cœur ne sut jamais ce qu'a de douloureux et de sombre la défaillance des idées ! Mais ces bienaimés du ciel sont bien rares et la plupart des hommes sont réduits à une passion moins forte, celle de leur profession. Il n'y a pour le médecin que la médecine, pour l'avocat que le barreau, pour le négociant que le commerce, pour le soldat que l'armée : l'amphithéâtre, le cabinet d'affaires, le

(1) Voir les romans de BALZAC intitulés *Eugénie Grandet* et *La Recherche de l'Absolu*. L'auteur eût pu en citer beaucoup d'autres.

comptoir, la caserne sont aux yeux de chacun d'eux le centre du monde ; là est le pivot sur lequel roule l'humanité. Ils marchent d'un pied infatigable dans le chemin creux où les circonstances les ont engagés, regardant sans cesse devant eux, quelquefois derrière, jamais à côté, car ils n'ont pas besoin d'horizon, d'ailleurs sûrs de réussir, parce que leur intelligence n'est point partagée. Mais, à défaut de cette passion que tout précepteur sensé tâche d'inculquer à son élève, mais que des natures malheureuses refusent de contracter, on peut s'en procurer d'artificielles, par une sorte d'inoculation analogue à celle de Jenner, qui réussit fréquemment. Plusieurs fois de grands hommes, fatigués de la pensée, ont recouru avec succès à ce dérivatif : Rousseau fabriqua des herbiers, Gœthe entreprit de renverser la théorie des couleurs de Newton et d'y substituer la sienne, M. Alphonse Karr s'est fait jardinier, et M. Cousin passe sa vie aujourd'hui dans les archives des Carmélites.

Qui n'a rencontré au moins une fois quelque amateur d'autographes, de médailles, de gravures ou de papillons, quelque patient collectionneur de petits faits et de bouquins inconnus, qui mangeait peu, ne dormait presque pas, ne se reposait jamais, bravait toutes les privations pour assou-

vir sa précieuse manie, mais dont l'âme toujours
en action avait d'ineffables jouissances? La passion, grandissant toujours, a bientôt envahi tout
l'homme. Les jours s'écoulent pour lui sans que
le désœuvrement y pénètre; un désir nouveau
l'attend chaque matin avant le soleil. Les révolutions peuvent éclater, elles ne lui feront pas
tourner la tête. Le cataclysme universel le trouverait impassible, penché sur ses collections.
Qu'est-ce que tout ce vain bruit auprès du sublime intérêt qui l'absorbe? Qu'on ne rie pas de
l'importance qu'il s'attribue; qu'on se garde bien
de qualifier ce qui l'occupe de bagatelle. Autant
vaudrait taxer d'inutile l'emploi du cantonnier
qui, enfermé tout le jour dans sa guérite, rien
qu'en soulevant une aiguille, fait passer le train
d'une voie sur une autre. Il ne manque à ce
brave homme que de savoir ce qu'il fait pour
revendiquer la gloire de sauver dix fois le jour
l'ordre du monde. Sans lui, les trains s'entre-
choqueraient, les voyageurs qu'ils transportent,
diplomates, empereurs, généraux, savants, périraient en un clin d'œil; la marche des choses
serait bouleversée. La vigilance d'un simple
aiguilleur prévient ces désordres. Le collectionneur de médailles aurait le droit de se regarder,
s'il se souciait d'autre chose que de ses collections, comme l'aiguilleur qui fait changer de

voie l'esprit humain; l'érudit pourrait se dire l'allumeur de quinquets qui éclaire la tragédie historique.

Je ne sache que deux occupations qui soient supérieures peut-être aux remèdes que je viens de passer en revue pour atténuer graduellement la pensée. Elles n'ont pas l'inconvénient d'être, comme le sont souvent ces passions coûteuses, une cause de ruine; et, semblables au quinquina ou plutôt à tous les vrais spécifiques, qui prennent d'abord l'apparence du mal dont ils guérissent, ces occupations simulent la pensée en la détruisant : ce sont la littérature et la politique.

La littérature a donc bien d'autres avantages que ceux qui la faisaient tant aimer de Cicéron. On croirait qu'elle est l'exercice même de la pensée; pure apparence. Toutes les bonnes pensées sont trouvées, exprimées, classées, distribuées dans divers magasins qu'on appelle écoles. La philosophie, la morale, la critique, les appréciations historiques ont leurs compartiments distincts où l'on n'a qu'à puiser. Prenez ici pour l'Académie, là pour les confrères, plus loin pour telle revue, ailleurs encore pour le public. La matière existe, le métier consiste à la mettre en œuvre avec dextérité. Il y aurait de l'insolence et un grave péril à vouloir y ajouter; c'est une prétention qu'on ne garde pas longtemps.

La politique est une occupation plus excitante encore, et la pensée n'y est pas moins superflue. Ce que vous devez dire, aimer, détester, haïr, faire, est réglé pour jamais. Nul article de foi n'est omis; les *Exercices spirituels* d'Ignace de Loyola ne sont pas plus complets. Avez-vous le pied dans un parti, tenez-vous pour guéri de vos doutes et de vos scrupules; il ne vous reste plus rien à chercher. On vous débarrasse obligeamment de votre esprit, on le prend en pension, on le met au régime, et on ne vous le rend que déshabitué de tous écarts.

On est fondé à espérer que ces divers remèdes ne rencontreront guère de pensée si rebelle qu'ils ne finissent par en avoir raison; toutefois, nul ne pourrait sans imprudence se porter garant qu'ils réussiront dans tous les cas. Il y a peut-être des hommes que la réflexion hantera toujours en dépit de tout; il y en a d'autres qui ne luttent pas contre elle avec la foi profonde et la persévérance, sans lesquelles les moyens les plus éprouvés restent sans effet.

Au surplus, ceux-ci ne sont recommandés qu'aux gens raisonnables et sérieux, qui préfèrent décidément le bonheur à la pensée. Car telle est l'alternative; il faut choisir, et l'option n'est pas si facile qu'on le croit généralement. Les caractères irrésolus peuvent balancer entre des motifs également forts ; et la nature même semble justifier cette hésitation, quand on observe d'une part l'aspiration instinctive qui entraîne les ignorants vers la pensée, et d'autre part le regret avec lequel ceux qui savent se reportent à leurs années d'ignorance.

On peut répondre, je le sais, que, si l'on a vu des bergers surmonter tous les obstacles pour arriver à penser, on ne les a jamais vus, une fois parvenus à la science, essayer de redescendre à leur première simplicité d'esprit. Cette considération paraîtrait décider en faveur de la pensée, et démontrer qu'en somme elle est préférable au bonheur.

Mais, premièrement, il n'est pas sûr que la pensée seule attire les hommes vers la science, et qu'il n'entre pas dans cette tendance beaucoup de ce goût pour la paresse, de ce besoin d'oisiveté que les professions intellectuelles semblent satisfaire. Il paraît doux à un pauvre paysan de vivre à l'abri du soleil et de la pluie, de ne se remuer qu'autant qu'on le veut, de gagner sa vie à rêvasser, et il ne se doute pas de ce que pèse une plume, cette chose légère que Régnier compare si bien à la rame du galérien. En second lieu, si les hommes de pensée ne redescendent pas aux fonctions purement manuelles, n'est-ce pas uniquement à cause de la concurrence qui encombre les rangs des travailleurs, au lieu que la pensée est toujours ouverte aux nouveaux venus.

La question n'est pas moins obscure aujourd'hui qu'elle ne l'était pour l'homme du conte de Voltaire. Je l'ai connu à plusieurs reprises ce bon bramine savant, riche, vertueux, considéré, et si malheureux en même temps qu'il aurait voulu n'être jamais né; je les ai connues aussi par milliers ces vieilles personnes dures, bornées, dévotes, qui vivent parfaitement contentes dans leur sottise et leur méchanceté. Et pourtant le bon bramine m'a toujours dit qu'il ne voudrait pas de leur bonheur.

Voltaire a mis bien de l'adresse à faire que le nœud soit impossible à dénouer; mais la nature a arrangé les choses plus habilement encore, puisqu'elle a donné à tout homme heureux, fût-il frappé d'idiotisme, l'orgueil d'être le seul sage entre les hommes; et ce témoignage qu'il se rend est la source la plus profonde de son bonheur.

Voilà plus de six mille ans que sous la forme du serpent la Pensée s'est fait écouter du premier homme : « Donne-moi ta vie, et je te donnerai un monde où tu n'auras besoin de personne, un empire qu'on n'envahira pas et que tes rivaux ne feront qu'agrandir. Je manifesterai à tes yeux les secrets de la destinée, et tu n'auras pas de misère que ce spectacle ne te fasse oublier. Les éléments qui luttent dans l'espace, les mondes qui naissent et s'éteignent te dévoileront leur mécanisme éternel. Isolé, chétif, tu deviendras par moi un être redoutable aux plus puissants. Quand toutes les filles d'Ève t'auront trompé, je te donnerai à aimer mes filles, les filles de la Pensée, des paradis tout pleins de beautés irréprochables. Lorsque tu auras vu partout l'injustice en honneur, je te construirai des sociétés de sages, des phalanstères, des royaumes indestructibles de lumière et de liberté. Je te couronnerai de rayons, je t'assoirai sur un trône, et je te ferai Dieu. »

Elle ne dit pas à son premier amant ce qu'elle lui ferait payer tant de gloire, et il se laissa séduire à ces promesses. Aujourd'hui même, après tant de désenchantement, il n'est pas encore lassé de suivre la tentatrice, et, quelque tourment qu'elle lui fasse endurer, il trouve avec elle ses joies les plus douces. Il s'abandonnerait à elle tout entier, s'il en avait le loisir. Mais, hélas ! il ne le peut pas : « car il faut cultiver notre jardin », dit Candide.

Les cinq fragments qu'on vient de lire sont les seuls qui m'aient paru mériter d'être communiqués au public. Ils indiquent, je crois, qu'à une époque où notre ami jouissait encore de sa raison, il avait formé le projet de décrire les diverses variétés du génie pessimiste.

On n'a pas cru à propos de relever, comme il eût été aisé de le faire, les nombreuses contradictions qui se rencontrent dans ces études. Il est évident qu'avec toute l'habileté du monde on ne pourra jamais soutenir un paradoxe aussi violent avec la suite que comporte l'exposition des vérités de sens commun les seules qui doivent occuper un esprit bien fait.

Il suffisait d'ailleurs d'avoir averti une fois pour toutes le lecteur de la maladie morale dont notre ami était atteint, sans noter dans ce qu'il a écrit les choses vraies et acceptables, à mon avis, et celles qui sont absurdes. Tous les aliénistes ont signalé cette persistance d'un bon sens partiel au milieu d'aberrations grossières comme un symptôme ordinaire de la folie. J'ai laissé, comme je le devais, à la sagacité du lecteur le soin de discerner la vérité de l'extravagance.

Dans l'amas de paperasses qui m'ont été remises, j'ai été assez étonné de trouver encore quelques pages, probablement inachevées, où j'ai reconnu du premier coup d'œil un pastiche de Rabelais. Elles témoignent d'un dérangement bien singulier des facultés critiques, et d'un culte pour Rabelais fort différent de l'admiration vulgaire qu'on a de nos jours pour cet écrivain : notre ami comptait Rabelais parmi les grands pessimistes. Je donne ici ces quelques pages, moins encore à cause de l'idée bizarre qu'elles renferment, que par pitié pour la mémoire de mon ami et pour satisfaire les amateurs d'œuvres complètes.

VI

PROTESTATION DE MAISTRE FRANÇOIS

« Je pieça suis grandement fasché de ne vous pouvoir aller visiter sur terre, comme fait Er l'Arménian, lequel avoyt jà plusieurs semaines séjourné au Tartare, ainsi que asseure Platon en sa Républicque, ou comme mon filz Epistémon, quand Panurge l'eust guary d'ung mal assez grief, appelé teste couppée, à l'ayde d'ung peu d'unguent ressuscitatif. Ains puis que suis icy retenu par certaines causes, lesquelles vous déduiray une aultre foys que serons de loisir, du moins vous veulx-je adresser par manière de protestation et conseil le présent escript à celle fin de au tort obvier que plusieurs parmy vous font à mon bon renom. Alas, alas, mes amys, la terre, je le veois, point n'est encore et de long-temps ne sera entièrement purgée des cagotz et matagotz, qui l'infectent et ruynent, vrays singes qui charchent les pous en la teste d'aultrui pour s'en nourrir, et guastent les réputations par leurs rêvasseries.

« A ce que j'ay apprins d'aulcuns peregrins, de la nauf à Caron fraischement descenduz ès régions infernales, plusieurs chez vous me traictent de bouffon cynique.

« Aultres de certaines joyeusetez incluses dedans mes hystoires pentagruélines meschamment infèrent que oncques rien n'ay sceu et voulu veoir en la vie que subiect de rire comme ung fol, estant de tout incapable de entendre et en pitié prendre les fascheuses et misérables conditions de l'existence terrestre.

« Dadvantaige aulcuns vouldroyent par manié exégéticque ou par malice démoniacle me réduire et ravaler au rang des intriguants et brouillons qui se travaillent à force de promesses vaines à mettre le monde en combustion.

« Des premiers diroy seullement que iceulx sont nez sans doute en païs de brouillards ; d'où vient que ilz ont la veue débile, et saigement feroyent d'emprunter à Panurge et de chausser ses lunettes, puis que rien en moy ne veullent apercevoir sinon l'escorce et le varnis.

« Bien est-il que moult aimay en mon vivant à traicter matières gayes et plaisantes. Oncques ne craignis de dénommer les choses par appellation propre, lesquelles Nature ne craint poinct de faire et produire, au grand scandale des caphartz et papelardz, engiponnez ou non, qui tousjours mettent la saigesse en ung ton chagrin et malplaisant. Ains de me faire passer pour ung fol yvre, pour ce que pris plaisir à humer ceste tant divine, précieuse, délicate et salutaire liqueur qu'on nomme le piot, et maintes foys en vantoy les vertus tant spécificques que générales, laissez ceste lourderie aux susdits sotz qui rien ne veoient par delà le bout de leur nez.

« Voltaire, lequel avez tousjours et en tout lieu cogneu pour un bon compaignon, et d'humeur gualante, me ha daulbé ung soir que avoyt l'orifice de son estomac estouffé par les alimens, comme trop scavez que par faulte de boyre assez sec, souvent esprouva grande difficulté de digestion et chylification compétentes. Toutes foys cettuy gentil Voltaire, à ceste heure qu'est es leu eschanson du benoist Lucifer et que ha fonction de verser à boyre es damnés les jours de feste, dedans le canton d'enfer ou je assez joyeusement expie les péchez eschappez à mon humanité, me ha pieça confessé son erreur. Adoncques luy ay de bien bon cueur pardonné et ferez comme moy. Quant est de ceulx qui par intention diabolique et par abhorrition du vray et du naïf me calumnient, ne les escoutez mye. Fuyez les gens roides et compassez comme paons, lesquels desployent et estalent une queue ocellée moult plaisante à regarder, ains sont déguarnis de voix et espérit, vuides et solennels, ainsi que plusieurs m'afferment qu'estes en ces temps derniers devenuz par vitieux enseignement des escholes et dessiccation précoce des bourses séminales du cerveau.

« Que si en mes Chronicques observez parfoys goust dominant de certaine gayeté, il me met en fascherye vous veoir pour ces menuz propos de beuverye prendre le change sur mon contentement. Que croyez-vous, mes bons disciples, qui m'ayt meu à compouser ces hystoires de haulte gresse pour vous secouer ung peu la ratelle? Simple désir de passetemps et idée de moy rigouller? Satisfaction unicque et profonde des choses? oh! que nenny. Ains j'avoye de mes propres yeulx veu que l'homme naturellement ne rit guère, comme trop bien assez ouï que les sauvages et aultres gens voisins de nature tousjours sont de face et contenance serieuse et de humeur morose; pour tout, rire ha esté inventé pour contrepoiser la tristesse, gravité et mélancholie inhérente à la condition humaine. Car pas besoin ne seroyt sans la folie de ellébore, sans la maladie de médecine, sans l'ignorance de science, sans la misère humaine de autheurs comicques, comme mes deux bons maîtres Aristophane et Lucien. Desquelz l'ung de brief me disoyt, vuidant ensemble un pot de vin infernal, combien triste et fascheux estoyt l'estat du monde au temps où lui escripvoyt ses mocqueries satyricques, et l'aultre me dénombroyt tous les malheurs advenus à Athènes, telz que pertes de libertez, triumphe de tyrannie, pestes, mort et persécution des bons, dépravation des mœurs, quand il faisoyt jouer ses drolaticques et merveilleuses farces, sotties et moralitez.

« En une saison aspre et peinible, où nous tous encores estions embourbés en l'ornière des vieulx temps, voyant plusieurs belles choses apparoistre au monde et vous pretz à vous laisser cheoir en langueur et descouragement, je pour esgayer vos esperitz et vous rendre le cueur alègre escripuis mes évangiles hieroglyphicques. Ains aujourd'hui que regorgez a contrefil de contentement lasche et niays et qu'avez plus de présomption que de suffisance, à ce que l'on me ha dict, qu'avez pris tous les aultres âges en dédain et que pansez frapper le firmament de vostre front tandis que pataugez dans vostre fiant jusques aux aureilles, paoureux et transifs comme petits garçons, insolents comme paiges, espuisés comme vieillards caterrheux et cacchecticques, je haultement vous invite ne point remparer vostre frivolité derrière mes livres et vous reserver à rire une foys que serez hors de vo ordures.

« Dabundant il me desplaist que, non contents de me desguiser en admirateur emphaticque de ceste machine sublunaire et de cette fourmilière crottée, aulcuns me veullent transmuter en fomenteur d'agitation à tout propous. Qu'est-ce à dire? estoys-je un fat, un hypocrite, un faussaire? Soustiendront-ilz que je cachoy sous une face embarbouillée de lie la pasleur d'un Brutus tétricque et renbarbatif, le visaige hideux et renfrogné d'un vilain ambitieux? Je abhorroy tousjours d'entreroller mon nom parmi ceulx des complotiers laïcs, devotz, religieux ou aultres : car les espèces varient de nom, ains d'essence poinct. Jamais ne songeay à prendre la charge, au-dessus de ma suffisance, d'emparadiser par force le genre humain, comme feirent tous tyrans, comme feirent Auguste le caphartz et Neron le truand, comme feirent Calvin le lycanthrope et Messieurs de la Saincte Inquisition ; car je veis toujours ceulx qui par leur zèle acharné et leurs systèmes lunaticques rêvoyent d'avoir prins la pie au nid, devenir tout soubdain plus tyrans que loups, plus orgueilleux que coqs, plus venimeux que vipères.

« Oncques ne feus assez sot pour n'aperceveoir que la terre ne vault guères et le genre humain bien peu. Puis doncques qu'en ma faculté n'estoyt d'estre architecte d'une espèce nouvelle, je m'evertuay à vous chatouiller pour vous faire rire, et vous délecter par le narre de mirificques adventures, parsemées libéralement de réflexions profondes que pouvez y picorer sans grand soing ni despense ; ce ne vous sera pas grand estrif de les y descouvrir. Je fais mestier de revesler à tout bon entendeur ce que sont et valent ceulx que appelez grands, seigneurs, dignitaires, caudataires, profetes, et aultres de semblable farine, que tolérez en les redoubtant, que redoubtez en les tolérant, et dont m'est advis que donneriez voulentiers dix pleines charretées et plus pour un verre de Nuicts ou de Chambartin. Esquels personnaiges, qui ouvrant comme fours leurs affamées gueules vous font trembler la fiebvre, je opposay ces personnaiges pour rire, ains pleins de vraye charité, Grangousier, Gargamelle, Gargantua, Pentagruel, ou bien ces bénins et inoffensifs coquins Panurge le bon raillard, frère Jean le rude frappart, Brydoye, Roudibili, etc.; tous gentilz bonhommets, bien mangeant, buvant et matagrabolisant, et très idoines à tirer en occasion opportune des gibbessieres de leur entendement transons excellents de saigesse philosophicque. N'ayez paour que ceulx viennent, vous absent, enbarelucocquer vos femmes, comme vouloyt faire le sainct roy David à charge par après de chanter ses faultes en beaux cantiques, ou que s'efforcent de subtilement évacuer vos bourses des deniers y contenuz. Lequel art voyez chasque jour tant promouvoir par le soing et estude des gens graves emmitouphlés d'hermine, spéculateurs tristes, et aultres débitants de haultes maximes, ne riant non plus chats-huants, austères, sérieux, ains, au fond avaricieux et féroces.

« Que oncques en puissiez estre totalement délivrés, non plus que de goutte et de fiebvre, poinct ne vous exhorte à le croyre; si je vous le promettoys, braves gens, menteur seroys comme extracteur de dents et beste comme Gribouille. Toutes foys, si ne résistiez aulcunement à la marche souterraine de ces taupes, le monde envahi bientost par leur taupinière, deviendroyt stérile. Résistez donc, ains bravement plus tost que en tapinoys; et commencez par les cognoistre, à celle fin que les cognoissant, estant au faict de leur vilenie et laideur, en puissiez rire à votre ayse; car seurement les voyrez tousjours aussi comiques que meschants. Lors, sortis de l'esblouissement qui les grandit à vos yeulx, serez guaryz de vostre vray mal, ledict esblouissement étant la cause unicque de crainte et d'espérance, lesquelles sont, au dire de Zénon le Saige et aultres fréquentateurs du Porticque, les deux fléaux de la vie.

« Estudiez-vous doncques à travailler, par après vous esbaudirez d'autant : car besoigne achevée, source de joye. Riez et faictes chère lie, car ung chascun n'ha que sa paoure vie en ce monde. Ainsi travaillez d'abord, et si poinct ne voulez estre hués des saiges, rien ne attendez, ou du moins bien peu, de nature tant gueuse et chiche et la pluspart du temps maladroicte que rien plus. N'espérez trop non plus de la terre qui tousjours feust une marastre rigoureuse, ni ne vous repousez paresseusement sur la Providence, laquelle s'esbat à jouer à la bille avecques les mondes plus que ne s'occupe de la chétive grenouillère, où vous agitez tous, et de procurer le bien de vos sociétés fragiles et mal basties.

« Soingnez vous-mêmes vos affaires, rien ne craignant, rien n'espérant, en quoy gist la quintessence de toute philosophie praticque. Cela faisant, si réussissez d'adventure à quelque entreprinse, comme qui diroyt à mettre la main dans la cachette où nature avare tient enfouis ses thésaurs, ainsi qu'est advenu maintes fois depuis que me suis desparti de parmy vous, ou bien à nettoyer le monde des monstres, hydres et pythons, à l'exemple de Hercule, Thésée et aultres heroes, miz pour guerredon au ranc des dieux, de ces succès et victoires percevrez lors joye d'autant plus grande que moins y aurez compté. D'advantaige en tirerez encore un gaing inespéré. Et quel? le plus riche et précieux que homme puisse obtenir icy bas, assavoir de vous entretenir en mouvement et occupation, de tracasser et ahanner sans fin ni tresve, et par ainsi de ne poinct compter les minutes une à une comme une nonnette qui dict ses patenostres sans poinct en passer une seule; chose qui grève en vérité plus que ne sauroys dire. En ceste façon de vivre, esgayée d'amourettes et entremeslée de gentilz propos que ne manquerez d'arrouser de piot compétemment à la matière, arriverez doulcement là où je à ceste heure séjourne, qui est ung lieu où il faict grand chault, ains où l'on veoit bien clair.

« Escoutez encore ung poinct que ne debvez mestre en oubli, assavoir, que chascun de vous possède dedans les sacrés ventricules qui palpitent sous son bonnet, de quoy soy rigouller et tenir en sérénité tousjours et partout. Là gist un microcosme, que pouvez arrenger et desrenger, faire et refaire, estendre, aorner, embellir, bouleverser et muer tant en forme comme en couleur, selon vostre guise et voulenté. Là coule le fleuve

Lété, dont pourrez boire l'eau divine à plein godet, toutes foys et quantes que besoing aurez d'oublier. Là pareillement coule la fontaine de Castalie, et pouvez vous esbattre sur ses bordz emmy les Camènes gayes et mélodieuses. Là rencontrerez d'arrivée la femme que le paoure Panurge ne sceut trouver en tout l'univers, tant l'eust-il cherchée avecques l'ayde et secours des oracles et devins. Là vivrez en ce très céleste monde de presteurs et de debteurs réciproques, que vous ay descript le premier et que ung des vostres a voulu instituer récemment chez vous; ains ne vous mettez en queste de ce monde hors de vous, n'estant homme en terre qui ne vueille recevoir tousjours, jamais donner. La descouvrirez sans frais ny travaulx force belles disciplines philosophicques, belles hystoires poeticques, personnaiges honnestes et joyeulx que pourchasserez vainement ailleurs, et que gouvernerez a vostre fantaisie, hommes vrayment libres, scavans esloiagnés de fard et dissimulation, grippeminauds exempts de cruaultez et felonies.

« Pour clorre ce propos, je vous veulx donner deux conseils, desquels tirerez prouffict et advantaige non petit.

« Premièrement je vous semons de fuir et détester tous contempteurs des anciens et adorateurs exclusifs de temps présent : défault de gens escervelez et déguarniz de bon jugement et sens commun. Revocquez en vostre mémoire ce que avez apprins des anciens, et vous cognoistrez qu'ils valoyent quelque chose. Il est advenu par après en ce monde depuis eulx tant de hystoires fascheuses, qui ont abesti l'homme, tant de sottes et caphardes doctrines qui ont enfumé son âme intellective et enrouillé ses facultez, que bien heureux estes-vous aujourd'hui de pouvoir tant seullement retrouver dans les livres anciens l'ombre de ce que l'homme feust en son bon temps.

« Si suyvez mon second conseil, tousjours tiendrez en abomination ces vieulx sempiterneux de moralisateurs hypocrites, ennemys de allaigresse, comme ils sont de justice et de vérité. Marchands de drogues maulvaises et empoisonnées ne portarent oncques dommaige si notable à la vraye médecine, ny astrologues à la vraye cognoissance du ciel, ny sophistes à la philosophie, ny docteurs pedants et faulx scavoir à la vraye science, que ces centonificques botteleurs de matières cent et cent foys grabelées, rappeasseurs de vieilles ferrailles morales en ont porté à la conscience. Ces monstres difformes et contrefaicts, enfants de antiphysis, confondant à plaisir le mal et le bien, appelans le crime vertu et la lascheté prudence, ne sont rien que corrupteurs de bon languaige et pervertisseurs de esperitz. Vous facillement les distinguerez à ce signe que, prosternés aux genoux du puissant et heurtant le faible de leur pié saboté, ilz chantent à tout propos un hihan triomphal ; non ceste gentille musicque que l'asne, patient, débonnaire, subtil et amoureux faict entendre aux approches de l'asnesse, mais le cri du mulet, entesté, brutal, destitué de toute vertu féconde et prolificque sans laquelle l'estre est pire que le néant.

« Faictes ce que je diz, mes amys. Guardez que, exaltant trop hault le temps aucquel vous vivez, ne négligiez les maux que debvez travailler à guarir. Quand la besoigne sera parachevée, que aurez travaillé, chascun en sa vocation, combattu, estudié, instrué vos enfans comme convient, lors vous esbaudirez à la barbe de ces falsificateurs de morale, riant, chantant, faisant l'amour, le tout sans préjudice de ce que debvez à vos pères et mères, à vostre famille, à vostre prochain, et avant toutes choses à vostre patrie. Je dys avant toutes choses, notez-le bien, car la mode est venue en des temps non esloingnés de la placer après toutes, dont est résulté qu'estes ja bien petitz devenuz, tellement que, si cela continue, bientost serez anéantiz et réduicts à rien… »

UN BOUDDHISTE CONTEMPORAIN

EN ALLEMAGNE

ARTHUR SCHOPENHAUER

ARTHUR SCHOPENHAUER [1]

L'antiquité, si riche en originaux, n'a peut-être pas de caractères plus singuliers que ses philosophes. Le recueil laissé par Diogène de Laërte est une véritable galerie d'excentriques. Qu'est-ce que cet autre Diogène qui roule cyniquement son domicile dans les rues d'Athènes en jetant à droite et à gauche ses apophtegmes caustiques? Qu'est-ce que ce Pyrrhon qui, mettant le scepticisme en pratique, ne marche qu'entouré d'un cortège d'amis obligés de veiller sur ses jours? Qu'est-ce que Socrate lui-même avec ses éternelles flâneries et sa manie d'embarrasser

---

(1) I. *Arthur Schopenhauer's Werke;* 8 vol. in-8°. — II. *Briefe über die Schopenhauer'sche Philosophie,* von Dr Julius Frauenstædt, 1854. — III. *Arthur Schopenhauer aus persönlichem Ungange dargestellt,* von W. Gwinner, 1862. — IV. *Arthur Schopenhauer, Von ihm, über ihn, Ein Wort der Vertheidigung,* von E. O. Lindner; *Memorabilien,* von J. Frauenstædt. 1863. — V. *Arthur Schopenhauer,* von R. Haym, 1864.

les gens, sinon des humoristes, — je prends le mot le plus doux, — auxquels on ne saurait en bonne justice appliquer les règles communes? Il faudrait feuilleter les bollandistes pour trouver, parmi les saints du moyen âge, des propos et des manières de vivre aussi bizarres.

Nos philosophes n'ont point aujourd'hui de ces singularités. Quelle que soit la doctrine qu'ils professent, ils vivent en gens du monde, et il n'y a aucun moyen de distinguer, à la façon d'être pas plus qu'à l'habit, un positiviste d'avec un métaphysicien. C'est donc une rareté digne d'attention qu'un philosophe contemporain, auteur d'une doctrine étrange et profonde, qui conforme sa vie à sa doctrine, qui, par exemple, est resté célibataire *par principe métaphysique*, et cette rareté, on la trouve chez un philosophe allemand, Arthur Schopenhauer, dont le nom est assez souvent prononcé en France depuis une dizaine d'années. Ce philosophe a été chez nous l'objet de quelques travaux plus ou moins estimables, mais qui ne donnent pas, je crois, une idée suffisante ni même une idée tout à fait exacte du personnage et de sa doctrine.

Cette doctrine a fait grand bruit en Allemagne pendant une certaine période. Schopenhauer avait fini par rencontrer, après une longue attente, des disciples fervents qui ont recueilli religieusement ses paroles, ses lettres, les traits de sa vie, et qui plus d'une fois, avec moins de prudence que de piété, se sont empressés de révéler au public jusqu'à ses faiblesses. MM. G. Gwinner, Otto Lindner, J. Frauenstædt, ont tour à tour raconté ce qu'ils savaient de lui; chacun d'eux a prétendu à l'honneur de l'avoir mieux connu que les autres, et cette émulation n'a pas manqué de dégénérer en jalousies et en querelles. Un critique de mérite, M. R. Haym, qui semble se constituer volontiers le liquidateur des philosophies déchues, et qui a fait autrefois, dans un livre remarquable, le bilan posthume de l'hégélianisme, a résumé le débat en termes d'une sévérité, à mon sens, excessive. D'autres critiques sont intervenus et ont prononcé leur verdict à des points de vue différents, M. Hoffman au nom de l'orthodoxie la plus étroite, M. C. Gutzkow au nom du patriotisme radical. Les documents abondent, comme on le voit, entre nos mains. A l'heure qu'il est, cette discussion ardente et quelque peu tumultueuse a cessé, et il est facile de voir qu'entre l'engouement et le dédain il y a, comme toujours, place pour un jugement impartial et modéré. La doctrine vit encore, il se peut toutefois qu'elle disparaisse, aussi bien que beaucoup d'autres qui n'ont pas fait moins de bruit en leur temps;

mais il restera toujours une figure de philosophe curieuse à étudier, et une doctrine qui répond en philosophie à une des dispositions les plus marquées du siècle, à cette humeur noire qui a dominé en poésie depuis cinquante ans, et qui a envahi beaucoup d'âmes sérieuses. J'ajoute qu'à côté du philosophe il y a chez A. Schopenhauer un écrivain et un penseur, et de ceux-là rien ne se perd : ils sèment des germes que des souffles imprévus, que d'invisibles courants emportent, et qu'on s'étonne souvent de voir fructifier au loin sans pouvoir dire d'où ils viennent.

I

On s'est trop accoutumé à considérer les systèmes de philosophie en eux-mêmes, sans tenir un compte suffisant des circonstances où ils ont été élaborés, du génie particulier qui les a produits, et à les traiter comme le développement pour ainsi dire algébrique d'un certain nombre de principes généraux. Ce n'est pas ainsi qu'ils se forment : la philosophie n'est pas une science impersonnelle, où le plus humble apporte sa pierre et dont on puisse retrancher le nom des ouvriers ; elle se compose de grandes créations qui se répondent l'une à l'autre, qui s'enchaînent entre elles, et dont chacune est l'expression d'un génie et d'une âme coordonnant ses idées sous l'influence complexe du tempérament et de l'éducation. Au lieu de soumettre les systèmes à une critique abstraite dont les règles varient avec les convictions du juge, il serait temps qu'on leur appliquât la critique positive et psychologique si heureusement employée de nos jours dans l'examen des œuvres littéraires. C'est ce que je me propose d'essayer, et l'on peut s'attendre à trouver d'étroits rapports entre la doctrine et le caractère que je dois faire connaître.

Un mot d'abord sur la singulière fortune de cette doctrine. On sait ce qu'il était advenu en France de la philosophie après 1848, et le profond discrédit où elle était tombée dans le public et dans l'enseignement ; à peine si elle s'en relève lentement aujourd'hui. La même catastrophe se produisit à la même époque en Allemagne. Une doctrine y régnait presque en souveraine ; elle avait pénétré dans la religion et dans la politique, elle s'était associée à toutes les préoccupations du pays. Tout à coup un voile se déchire, et il semble qu'on la juge pour la première fois en liberté. Non seulement l'empire lui échappe, mais le respect même s'en va, et cette chute rapide de l'hégélianisme entraîne la ruine de toute philosophie ; on ne voit plus, comme après un ouragan, que débris de doctrines surnageant pêle-mêle, et la pensée spéculative offre encore plus que la politique l'image d'un champ dévasté. C'est à ce moment que le nom de Schopenhauer surgit à la lumière. Un beau jour, l'Allemagne apprend non sans surprise qu'elle possède à son insu depuis trente ans un grand prosateur inconnu et un profond penseur de plus ; l'opinion, tout à l'heure désabusée de toute spéculation, court aussitôt à lui. Les histoires de la philosophie, pleines des noms de Schelling, de Fichte, de Hegel, ne connaissaient pas ce nom-là ; mais il regagne promptement le temps perdu, le retour de justice qu'il attendait avec une certitude orgueilleuse s'accomplit en peu d'années, et tandis que ses rivaux délaissés conservent à peine quelques rares adeptes, il meurt en 1860, presque dans la gloire.

Tout est fait pour surprendre, dans la destinée de cette doctrine, et d'abord la longue obscurité où elle est restée ensevelie, car Schopenhauer n'est pas un de ces philosophes dont la langue ou les idées rebutent par la difficulté de les pénétrer le lecteur de bonne volonté ; il n'y a pas, il faut l'avouer, d'écrivain plus clair, et il possède par surcroît une qualité peu commune en Allemagne et qu'on ne s'attendrait guère à trouver chez un philosophe, l'agrément. Il n'a d'ailleurs rien de commun avec ces philosophes, peu attrayants pour les intelligences méditatives, qui se jouent avec légèreté à la surface des questions ; il creuse profondément, sa pensée ne touche pas un sujet sans y laisser, comme un soc d'acier, quelque sillon vif et brillant. Si cette malchance de Schopenhauer et de sa doctrine ne s'explique pas facilement, la renaissance imprévue d'un système enterré, la vogue rapide qu'il obtient, l'éclat qu'il jette et qui attire tous les yeux, sont encore plus étonnants. Cette doctrine choque en effet les goûts les plus vifs des contemporains. L'histoire a toutes les prédilections du siècle, et Schopenhauer a pour l'histoire les mêmes dédains que Descartes. La politique est une fièvre à laquelle personne n'échappe, et il fait fi de la politique; non content d'attaquer violemment les démagogues ou plutôt les politiques sans acception de parti et les réformateurs de toute dénomination, il va jusqu'à déclarer (en Allemagne, qu'on y songe bien) le patriotisme la plus sotte des passions et la passion des sots. Vers 1850, dans un temps où tant de déceptions assombrissent les esprits et où de cruelles catastrophes remplissent les honnêtes gens d'une tristesse trop légitime, apporte-t-il au moins des idées de nature à rasséréner les courages? Au contraire, il proclame que le comble de la folie est de vouloir être consolé, que la sagesse consiste à comprendre l'absurdité de la vie, l'inanité de toutes les espérances, l'inexorable fatalité du malheur attaché à l'existence humaine. Est-ce un moderne qu'on entend? Non, c'est un bouddhiste, pour qui le repos réside dans l'absolu détachement, qui nous indique comme la bénédiction à laquelle nous devons aspirer et comme la récompense réservée aux saints l'anéantissement de la volonté. Un tel système n'a certes rien d'engageant, il est plus propre à scandaliser une époque fière de sa civilisation et enflée de sa puissance qu'à la charmer; d'où vient donc que le scandale, qui n'avait pas suffi dans l'origine à le sauver de l'obscurité, n'a pas été non plus dans la suite un obstacle à sa fortune?

Je pose la question sans essayer d'y répondre; mais je ne puis m'empêcher d'être frappé d'une parfaite analogie entre les vicissitudes de cette destinée et celles que le positivisme a tratraversées chez nous, et peut être cette analogie éclaircit-elle un peu le mystère. Les deux doctrines ne se ressemblent guère; pour mieux dire, elles sont absolument contraires l'une à l'autre dans leur esprit, dans leur marche, surtout dans leurs conclusions. La doctrine positiviste aboutit au plus complet optimisme, puisqu'elle repose sur l'idée d'une évolution progressive des choses par laquelle tout est finalement justifié; elle ouvre aux sociétés humaines la riante perspective de se voir un jour constituées sur un plan conforme à la raison scientifique. Pour Schopenhauer, la vie est et restera mauvaise, l'avenir ne réserve rien de bon ni à l'individu ni aux sociétés. Cependant ces deux doctrines si opposées ont eu même peine à sortir de l'obscurité; leurs auteurs se sont pendant longtemps abandonnés aux mêmes protestations véhémentes contre l'oubli qui les couvrait et contre le succès des doctrines en crédit, ils se sont livrés sans réserve aux excès d'un orgueil chagrin qui aimait mieux accuser de ses mécomptes les personnes que les circonstances. Puis, après avoir secoué, grâce au zèle ardent d'une poignée de disciples, le maléfice qui pesait sur elles, ces doctrines, arrivées en un jour à la notoriété, ont pris énergiquement possession d'un grand nombre d'esprits; elles ont vu leur autorité grandir vers le même temps et dans des circonstances semblables. Le positivisme a profité du discrédit des études philosophiques pour subjuguer des esprits fatigués, en déclarant ne poursuivre et n'admettre que des vérités démontrables; il a promis aux intelligences un repos définitif, pourvu qu'elles s'abstinssent résolument de toucher à la métaphysique, condition dure à la vérité, qui ressemble un peu trop au procédé sommaire employé par Origène pour se soustraire au trouble des passions. De même la doctrine du philosophe allemand se donne pour également positive, mais en un sens différent; elle prétend, au lieu d'abstractions, élever un édifice de vérités pratiques recueillies dans le champ de l'expérience, embrasser la vie dans ses détails, l'expliquer par des observations que chacun est à même de vérifier; elle en appelle à l'autorité irréfragable de l'expérience journalière, comme le positivisme à celle de la science. Il y avait là de part et d'autre, pour des esprits lassés d'utopies philosophiques, une séduction qu'ils ont subie d'abord, et à laquelle il leur a fallu quelque temps pour se dérober.

Au surplus, la vie de notre philosophe va jeter, j'espère, quelque jour sur plusieurs points que je viens seulement d'indiquer.

A. Schopenhauer était né à Danzig en 1788. Fort sensible à l'honneur de n'être pas Allemand, il se prétendait de race hollandaise et en voyait la preuve dans l'orthographe de son nom. Son père, d'une ancienne famille patricienne, avait fait fortune dans les affaires, où il portait un esprit singulièrement actif et entendu; c'était d'ailleurs un caractère fier, obstiné, peu maniable et probablement assez difficile à vivre. En 1793, lorsque la vieille ville hanséatique dut renoncer à l'indépendance, notre républicain alla s'établir à Hambourg pour ne pas tomber sous la domination de la Prusse. Sa femme, beaucoup plus jeune que lui, était cette Jeanne

Schopenhauer, auteur d'une estimable monographie sur Jean van Eyck et d'un nombre considérable de romans qu'on lit encore, un entre autres, *Gabrielle*, où elle peint les mœurs du beau monde, et que Gœthe n'a pas dédaigné d'analyser.

A Hambourg comme à Danzig, le père de Schopenhauer menait un grand train de maison : il possédait des statues, des tableaux, une bibliothèque riche surtout en ouvrages anglais et français. Schopenhauer fut donc élevé dans l'opulence ; plus tard, lorsqu'il sentit le prix de l'indépendance pour un philosophe et que même il en eut fait une condition du droit de philosopher, il conçut une vive reconnaissance pour celui qui avait assuré la sienne, et il l'exprimait en termes curieux dans la dédicace d'un de ses ouvrages. « Si j'ai pu développer, disait-il, les forces que la nature m'a départies et en faire un juste emploi, si j'ai pu suivre l'impulsion de mon génie, travailler et penser pour la foule des hommes, qui ne faisait rien pour moi, c'est à toi que je le dois, ô mon noble père, à ton activité, à ta prudence, à ton esprit d'épargne, à ton souci de l'avenir. Sois béni pour m'avoir soutenu dans ce monde où sans toi j'aurais péri mille fois ! » Son père aurait voulu en faire un négociant ; mais l'enfant montrait pour cette carrière une extrême répugnance. On crut la surmonter en flattant son goût pour les voyages, et on lui promit de le faire voyager pendant deux ans à la condition qu'au bout de ce temps il se consacrerait aux affaires. Il accepta le marché et parcourut avec son père une partie de l'Europe. Le délai expiré, il entra dans une maison de commerce de Hambourg, et il y était depuis quelques mois lorsque son père mourut. Il ne se crut pas dégagé pour cela de sa parole et il poursuivit ses efforts pour accomplir le vœu paternel; mais il tomba dans une mélancolie profonde, de sorte que sa mère, fatiguée de ses plaintes, lui rendit la liberté. Il avait dix-neuf ans : il se hâta d'aller s'asseoir sur les bancs du gymnase pour réparer le temps perdu.

Mme Schopenhauer, pouvant se livrer désormais sans réserve à ses goûts littéraires et mondains, était allée s'établir à Weimar. Elle vivait dans le cercle de Gœthe avec sa fille Adèle, dont le grand poète vante quelque part le talent pour la déclamation. Elle paraît avoir été femme jusqu'au bout des ongles. Le chevalier Anselme Feuerbach, le grand criminaliste, père du philosophe, écrit à la date de 1815, en parlant des connaissances qu'il a faites à Weimar : « Mme la conseillère Schopenhauer, riche veuve, tient ici bureau de bel esprit. Elle parle bien et beaucoup.

De l'esprit tant qu'on veut, et pas de cœur ; elle est coquette au possible et se rit à elle-même du matin au soir. Dieu me préserve d'une femme si spirituelle ! Elle a pour fille un petit oison qui me disait hier : Je peins les fleurs avec un talent surprenant. » Le portrait était ressemblant, et je n'ai nulle peine à comprendre que, de l'humeur dont il était, Schopenhauer ne dut pas s'accorder parfaitement avec sa mère. Pour se mettre en état de suivre les cours universitaires, il résolut de venir à Weimar et d'y travailler sous la direction d'un professeur particulier. Sa mère y consentit, mais à la condition qu'il ne demeurerait pas avec elle, et pourquoi ? « Je ne méconnais pas tes bonnes qualités, lui écrit-elle. Ce qui m'inquiète, c'est ta manière d'être et de voir ; ce sont tes plaintes sur des choses inévitables, tes mines renfrognées, tes jugements bizarres, que tu prononces d'un ton d'oracle sans qu'il y ait rien à objecter. — Cela me fatigue et m'attriste. Ta manie de disputer, tes lamentations sur la sottise du monde et la misère humaine n'empêchent de dormir et me donnent de mauvais rêves... » Il est évident que ses rapports avec sa mère sont froids : ce sont ceux d'un homme qui se croit une mission à remplir, et dans les sévérités qu'il prodigue aux femmes on reconnaît l'impression persistante du souvenir maternel.

Schopenhauer, qui a sur toutes choses des théories, en présente une assez ingénieuse, quoique très contestable, sur la participation de chacun des parents dans la constitution morale de l'enfant, et il l'appuie sur nombre de faits intéressants empruntés à l'histoire. Selon lui, ce qu'il y a de fondamental et de premier, le caractère, les passions, les tendances, sont un héritage du père : l'intelligence, faculté secondaire et dérivée, procède essentiellement de la mère. Au reste, le caractère et l'intelligence donnent lieu, par leurs réactions mutuelles, à des combinaisons imprévues et trop complexes pour qu'il soit toujours aisé de faire la part des deux éléments associés ; mais cette théorie, qui tient aux principes mêmes de sa doctrine, Schopenhauer se flatte d'en trouver au moins une confirmation irrécusable dans sa propre histoire, et il y a quelque chose de spécieux dans cette prétention. Il est ombrageux comme son père, spirituel et subtil comme sa mère. Le voilà dès à présent tel qu'il demeurera jusqu'à la fin, et l'on peut entrevoir déjà quels pourront être les caractères de sa philosophie.

On le voit, à l'université de Gœttingen, mener de front, selon l'habitude allemande, plusieurs études différentes, la médecine, l'histoire naturelle, la philologie, la philosophie. Il fréquente les amphithéâtres de dissection et se passionne pour les physiologistes français. « De grâce, écrivait-il encore en 1852 à un de ses disciples, ne me parlez pas de physiologie ni de psychologie avant de vous être incorporé et assimilé Cabanis et Bichat. » En même temps il se nourrit de Kant et de Platon. L'enseignement de Fichte à Berlin était dans tout son éclat; il s'y rend, et il suit les cours de l'illustre professeur, mais en protestant par des moqueries dont ses cahiers d'étudiant portent la trace. Les idées de Fichte n'ont pas été sans exercer quelque influence sur lui; toutefois les formules algébriques de ce philosophe répugnaient à son intelligence lucide et amie du concret; ce pathos emphatique lui était incompréhensible; son amour pour les études naturelles était révolté du dédain que Fichte affectait pour la nature. L'obscurité l'irritait comme une forme du charlatanisme, il voulait au moins de la clarté dans l'erreur.

Le soulèvement de l'Allemagne contre la domination française le laissa, je dois le dire, tout à fait indifférent. Pendant que la patrie était en armes, il sollicitait à l'université d'Iéna le grade de docteur, et il l'obtenait avec une thèse intitulée : *De la quadruple racine du principe de raison suffisante*. Il avait fait hommage de ce premier fruit de son génie à sa mère, qui s'était écriée sur les premiers mots du titre : « Ah ! ah ! c'est un livre pour les apothicaires. » C'est un écrit magistral où l'auteur s'attache à établir l'idéalité du monde, qui sera une des bases de son système ; il démontre que le principe de raison suffisante revêt quatre formes distinctes selon les quatre classes d'objets auxquels il s'applique et qui constituent le monde, mais qu'il est identique malgré la diversité de ses applications, et n'a de valeur que pour la connaissance humaine, dont il est la loi fondamentale. Gœthe, fort peu enclin d'ailleurs à s'occcuper de matières métaphysiques, avait remarqué ce travail. Lorsque Schopenhauer revint à Weimar, il l'accueillit, et il parle avec estime de ce jeune homme « difficile à connaitre ». Il était alors occupé de ses travaux sur la lumière et les couleurs ; il trouva Schopenhauer heureusement préparé à accepter ses vues, et en effet Schopenhauer se les appropria dans un écrit *sur la vision* publié en 1816.

Gœthe lui imposait comme le type du génie contemplateur ; l'impassibilité dédaigneuse du poète, qui était à la fois supériorité d'esprit et résignation spinoziste, lui paraissait dès lors le dernier mot de la sagesse ; il y voyait l'application de la religion des védas, qu'il étudiait

dans le même temps sous la direction de
F. Majer. Cependant le monde frivole et courtisanesque de Weimar, tout occupé d'amusements de société, de théâtre et de petites
intrigues, ne lui plaisait pas. Il vivait à part,
évitant la familiarité des hommes; il les comparait à des hérissons qui ne peuvent se toucher
sans se piquer, ni rester loin les uns des autres
sans avoir froid et vouloir se rapprocher ; il
croyait avoir trouvé la vraie distance, et il la
marquait par une sèche et rigoureuse politesse.
Il finit néanmoins par aller habiter Dresde ; il y
resta trois ans, mûrissant dans le silence un
grand ouvrage, vivant dans la solitude, mais
sans austérité, fréquentant le théâtre, les
musées, rapportant tout, même ses plaisirs, à
l'objet de ses méditations. Une scène humoristique, qui rappelle un peu les profondes bouffonneries semées dans les comédies de Shakspeare,
peut donner une idée des préoccupations qui
l'absorbaient. Il se promenait un dimanche dans
une serre des jardins publics qui était remplie
de monde. Il s'était arrêté devant une plante
exotique et il se disait à demi-voix : « Que veux-
tu me dire, ô plante, avec tes formes bizarres ?
Quelle est la volonté qui se manifeste ici par ces
couleurs éclatantes, par ces feuilles découpées ? » Un des gardiens, frappé de son attitude

et peut-être le prenant pour un fou, le suivit de près pendant toute sa promenade, et en sortant il lui demanda qui il était : « Mon brave, répondit Schopenhauer d'un air solennel, si vous pouviez me le dire, je vous serais bien reconnaissant. »

Le grand ouvrage dont la gestation durait depuis quatre ans parut enfin. Il était intitulé *Le monde comme volonté et comme représentation*, et contenait la philosophie de Schopenhauer, désormais arrêtée dans ses traits essentiels. Il y expliquait le monde comme la manifestation purement intelligible d'une volonté identique à tous les degrés de la nature, malgré la variété des formes innombrables qu'elle revêt. Il concluait par le pessimisme le plus absolu, ce qui est à noter, car il en résulte que ce pessimisme ne saurait s'expliquer ni par les circonstances sociales, — l'ouvrage avait été composé et il paraissait au jour dans un temps d'espoir universel et de renaissance nationale, — ni par le dégoût d'un homme déjà blasé, — Schopenhauer n'était pas un Werther, il n'avait jusqu'alors abusé de rien, — ni par les mécomptes de l'auteur, puisque, s'il n'allait pas tarder à les connaître, il n'en avait encore éprouvé aucun. Ce pessimisme est né d'un accord singulier entre les vues spéculatives du philosophe et son tempérament naturel.

Il va sans dire qu'il publiait son livre avec la certitude d'avoir écrit pour l'éternité, plein de cette amusante confiance dans le succès qui est le privilège des jeunes auteurs. Le livre tomba aussitôt dans un oubli profond pour n'en sortir qu'au bout de trente ans. Cette mésaventure ne dut pas augmenter beaucoup la bienveillance déjà médiocre de l'auteur à l'égard des hommes en général, des Allemands en particulier, et surtout des philosophes qui tenaient le haut du pavé. Schopenhauer alla promener sa mauvaise humeur en Italie. Nous avons ses notes de voyage ; on n'y trouve rien de ce qui défraie ordinairement dans les récits de ce genre la curiosité banale, descriptions de paysages ou de monuments, rencontres de voitures publiques, aventures d'hôtels, impressions de toute sorte. Schopenhauer va au théâtre, il visite les églises, les monuments, les musées, les promenades ; il recherche non seulement le beau, mais les belles, et ses remarques sont d'un observateur. Il voit tout au point de vue métaphysique, tout lui devient commentaire ou confirmation de sa philosophie ; il ne donne pas ses observations et ses expériences telles qu'elles lui viennent, il les traduit en langue philosophique et en fait une pierre de touche de son système. Que d'hommes j'ai vus en proie à une préoccupation analogue! Ce n'est pas simplement de l'orgueil, c'est une maladie particulière qui peut avoir des effets désastreux, et que j'appellerais volontiers l'hypocondrie philosophique. L'homme atteint de cette maladie est captif d'une seule idée qui le domine, et qui, grossissant à l'infini, le ferme au sentiment naïf des choses, l'isole des autres, le remplit de dédains pour ceux qui se laissent tout bonnement sentir et vivre. Cloué sur son rocher, il ne descend jamais dans la plaine, et dans cette solitude, replié sur lui-même, il écoute sourdre ses pensées comme d'autres suivent le progrès de leur mal. La vie, le monde, se réduisent pour lui à un seul point, l'idée qui l'occupe, dont la fixité immobilise son esprit, et dont le poids finit par l'écraser.

Quel qu'ait été dès le début le pessimisme de Schopenhauer, il n'est pas douteux que cette opiniâtre incubation de la même idée ne l'ait encore exaspéré, et de là les excès auxquels notre philosophe le porta dans ses dernières années. Ce tour exclusif de son esprit est d'autant plus fâcheux qu'il y avait en lui un observateur d'une admirable sagacité. Les aperçus ingénieux abondent dans ses notes de voyage. Il écrit le lendemain de son arrivée à

Venise : « Lorsque l'on tombe dans une ville étrangère où tout est nouveau, langue, mœurs et gens, il semble, au premier moment, qu'on entre dans un bain d'eau froide. Vous sentez une température qui n'est pas la vôtre, vous subissez une impression extérieure violente et qui vous suffoque. Vous n'avez pas la liberté de vos mouvements dans cet élément étranger, et comme tout vous étonne chez les autres, vous craignez que tout ne les étonne chez vous. Cette première impression passée, quand on est en harmonie avec le milieu et la température ambiante, on éprouve comme dans l'eau froide un singulier bien-être. On cesse de s'occuper de sa personne, on tourne son attention sur ce qu'on voit, et l'on observe avec un sentiment de supériorité qui tient à ce qu'on observe sans intérêt direct. » Voilà qui est finement remarqué et finement rendu. Il goûtait les arts, il les appréciait bien, et il en sentait vivement les beautés ; il suffit pour preuve de citer ce mot charmant : « Il faut se comporter avec les chefs-d'œuvre de l'art comme avec les grands personnages, — se tenir simplement devant eux et attendre qu'ils vous parlent. » Il n'avait aucune des affectations du touriste vulgaire, il voyait dans cette rage d'aller toujours un dernier reste de l'existence nomade ; mais il se piquait de voir vite et bien, de pénétrer dans l'intérieur des choses, et c'est sa philosophie qui lui en ouvrait l'accès. Il a sur les individus, sur les peuples, des jugements dont il convient, bien entendu, de rabattre l'exagération humoristique, mais qui sont vigoureusement frappés. « Le trait national du caractère italien, dit-il, est une parfaite impudeur ; cette qualité consiste dans l'effronterie qui se croit propre à tout, et dans la bassesse qui ne se refuse à rien. Quiconque a de la pudeur est trop timide pour certaines choses, trop fier pour certaines autres : l'Italien n'est ni l'un ni l'autre ; on le trouve, selon l'occurrence, humble ou orgueilleux, modeste ou suffisant, dans la poussière ou dans les nuages. » S'il fallait caractériser le côté brillant du talent de Schopenhauer, je dirais que c'est avant tout un peintre de la vie et des humeurs des hommes, un moraliste dans le sens français du mot : il est instruit à l'école de Montaigne, de La Rochefoucauld, de La Bruyère, de Vauvenargues, de Chamfort, d'Helvétius, qu'il cite à chaque pas ; il est, comme eux, nourri du suc de l'expérience, sans illusion sur les hommes ; il a comme eux la perspicacité, la malice, le trait impitoyable, mais il diffère d'eux en ce que, contemplateur moins désintéressé, ses idées portent sur une base métaphysique.

Des placements malheureux avaient entamé sa fortune. Schopenhauer, averti par ces pertes, et peut-être fatigué de son isolement, voulut se faire une carrière. Il n'y en avait qu'une pour lui, celle de l'enseignement. Il se fit admettre comme *privat-docent* à l'université de Berlin, où Hegel et Schleiermacher professaient alors avec un grand succès. L'éloquence est peu nécessaire pour réussir dans les universités allemandes, d'ailleurs Schopenhauer parlait bien, il exprimait ses idées avec clarté et souvent avec force ; mais les universités d'Allemagne sont un théâtre de rivalités, de jalousies, de manèges souterrains, qui n'est pas exempt de difficultés pour un homme sans intrigue. Schopenhauer s'en aperçut bientôt. De plus, toutes les vérités ne sont pas faites pour supporter l'épreuve du discours public ; on sait qu'Emmanuel Kant n'enseignait pas dans sa chaire le fond de la doctrine contenue dans ses livres. Il y a des idées qu'on peut soumettre au lecteur solitaire, mais qu'on ne peut pas énoncer sans inconvénient devant un auditoire nombreux ; toute assemblée d'hommes, quelque libéraux qu'ils soient individuellement, est dominée par des idées ou des conventions qu'il est impossible de heurter impunément. Après deux essais malheureux, Schopenhauer renonça donc à son entreprise, et à la suite de cet échec, il conçut un dégoût pour l'enseignement philosophique qui tourna plus tard en irritation, et lui inspira contre la philosophie des universités un pamphlet véhément. Malgré des personnalités maladroites, il y a dans ce pamphlet autre chose que de la mauvaise humeur. Il procède de l'idée même que Schopenhauer se fait de la philosophie, dont la définition exclut toute considération directe ou indirecte de l'utilité publique ou privée. Sa grande objection contre cet enseignement est qu'on ne saurait enseigner une science qui n'est pas faite, et j'ajoute, dans l'esprit de sa doctrine, une science qui ne peut se faire. Il est remarquable, au surplus, qu'au sortir du moyen âge les grands philosophes, les initiateurs de la pensée moderne, Descartes, Spinoza, Leibniz, Locke, Hume, n'ont jamais professé ; il en est de même des philosophes français du xviii° siècle, et Kant paraît avoir, du moins en tant que professeur, pensé sur la vérité à peu près comme Fontenelle. Spinoza répondait par un refus à l'offre d'une chaire à l'université d'Heidelberg qui lui était faite de la part de l'électeur. « J'ignore, disait-il, en quelles limites il faudrait enfermer cette liberté de philosopher qu'on veut bien me donner sous la condition que je ne troublerai pas la religion établie. » C'est un fait à peu près général, au contraire, que, dans notre siècle, en France, en Angleterre, en Allemagne, on ne s'occupe guère scientifiquement de philosophie hors des universités. Comme au moyen âge, la plupart des philosophes sont aujourd'hui des professeurs. Les États modernes, plus ou moins poussés au libéralisme et obligés de se maintenir contre les efforts des partis rétrogrades, favorisent la philosophie dans leurs établissements ; elle est pour eux une sorte de religion laïque et civile qu'il importe de protéger. Toutefois le libéralisme politique a ses conditions et par conséquent ses limites ; de là des difficultés qui se sont manifestées dans plusieurs pays, notamment en Allemagne, et auxquelles Schopenhauer attribuait une profonde altération de la philosophie. Sans être à la vérité parfaitement orthodoxe au fond (et qui peut se flatter d'être orthodoxe?), sa doctrine n'a rien d'inquiétant pour l'État, et il aurait pu l'exposer dans une chaire ; mais enfin il eût fallu tenir compte d'autre chose que de ce qui lui paraissait la vérité, prendre en considération les circonstances qui font à la philosophie une situation jusqu'à présent accompagnée de quelque gêne. Il ne put s'y résoudre, et il aima mieux se venger de son silence en accusant avec beaucoup d'injustice l'enseignement public du discrédit de la philosophie.

A partir de ce moment, Schopenhauer se laisse oublier pendant quinze ans. Il vivait à Berlin presque en étranger, quoiqu'il connût tout le monde, et notamment Alexandre de Humboldt, retranché dans son pessimisme comme dans un fort inaccessible, mécontent de ce séjour, mais ne daignant pas changer et se moquant des Berlinois. Il écrivait de Francfort, où il était venu demeurer en 1831 : « On se tue donc beaucoup cette année à Berlin? Cela ne m'étonne pas, c'est au physique et au moral un nid de malédiction. Je suis bien obligé au choléra de m'en avoir chassé il y vingt-trois ans, et de m'avoir amené ici, où le climat est plus doux et la vie plus facile ; c'est un séjour tout fait pour un ermite »; ce qui, du reste, ne l'empêchait pas d'appeler Francfort son Abdère, soit en souvenir de Démocrite, qui riait comme lui des folies humaines, soit par allusion à la renommée de stupidité des Abdéritains. Il n'était toutefois ni désœuvré, ni découragé. Fort attentif aux progrès des sciences positives, il y trouvait des confirmations inattendues de sa doctrine; il entourait ses idées de nouvelles lumières, il recueillait nombre d'observations de toute espèce et les incorporait à son grand ouvrage, qui reparut en 1844, augmenté du double, mais sans que le plan et la forme fussent aucunement modifiés. Il composait en 1838 un mémoire sur la question mise au concours par la Société royale des sciences de Norvège, *De la liberté de la volonté*. Ce remarquable mémoire, qui a pour épigraphe un mot inquiétant : « La liberté est un mystère », et qui la transporte du domaine de l'expérience, où règne souverainement la loi de causalité, dans la région transcendantale, n'en était pas moins couronné. L'Académie avait-elle compris? Je ne sais; mais un second mémoire, présenté l'année suivante à la Société royale de Danemark sur une question qui se rattache étroitement à la précédente, sur *Le fondement de la morale*, fut moins heureux. La réponse ne parut pas suffisante. En outre l'auteur se livrait contre diverses doctrines à une discussion relevée çà et là d'invectives, et dont le style salé rappelle un peu trop par moment la polémique en latin des érudits d'autrefois. On trouva, non sans quelque raison, peu décentes ces attaques contre des philosophes dont on ne pouvait encore à cette époque parler qu'avec respect. On s'est accoutumé depuis lors à de tout autres libertés avec ces philosophes souverains, *summi philosophi*, qui étaient entre autres Fichte et Hegel.

Cependant l'autorité de Hegel lui-même commençait dès ce temps à baisser. Les dissidences qui se faisaient jour par degrés au sein de l'école sur les vraies tendances du maître et les applications sociales de sa doctrine, l'introduction des passions religieuses et politiques dans le débat, présageaient une dissolution plus ou moins prochaine. L'année 1848 porta le coup mortel au système; mais Schopenhauer, qui ne savait pas à quel point cette année, fatale à l'hégélianisme, aiderait au succès de sa propre doctrine, fut profondément troublé par le spectacle des événements politiques. Francfort, « ce séjour si bien fait pour un ermite », fut, comme on sait, un des foyers principaux de l'agitation, et je rencontre dans les lettres du philosophe plus d'une trace curieuse des inquiétudes auxquelles il était en proie. « Figurez-vous, écrit-il à un de ses amis après l'insurrection du 18 septembre 1848, figurez-vous que les brigands avaient élevé une barricade à l'entrée du pont et qu'ils tiraient sur les soldats de derrière ma maison; les soldats répondaient et faisaient trembler jusqu'à mes meubles. Tout à coup j'entends à la porte d'horribles aboiements; je me figure que c'est la canaille souveraine, je me verrouille et je mets la barre de fer. On frappe avec violence, puis j'entends le fausset de ma bonne : « Monsieur, ce sont les Autrichiens. » J'ouvre à ces dignes amis, et vingt culottes bleues se précipitent pour tirer de mes fenêtres sur le souverain. Ils passent bientôt dans la maison voisine, qui leur paraît plus commode ; mais auparavant l'officier a voulu reconnaître la bande qui était derrière la barricade, et je lui ai prêté la lorgnette avec laquelle vous regardiez le ballon. » Quand on se rappelle l'histoire de cette année, on ne s'étonne pas trop de rencontrer chez un homme pour qui l'intérêt spéculatif était supérieur à tous les autres, et la politique réduite à l'art de maintenir l'ordre en comprimant par tous les moyens le sauvage égoïsme des hommes, une violence de sentiments qu'une partie de l'Europe éprouva contre lui. Les événements de cette époque avaient laissé dans son esprit une impression ineffaçable, et il a légué toute sa fortune à la caisse de secours fondée à Berlin « en faveur de ceux qui, en 1848 et 1849, avaient défendu l'ordre, et de leurs orphelins ». Cependant, une fois revenu de la peur qu'il avait eue, lorsqu'il fut en état de mesurer d'un œil tranquille le gain qu'il avait fait, il dut reconnaître que cette année lui avait été singulièrement favorable. La philosophie de Hegel était détrônée, il y avait place au soleil pour les doctrines jusque-là condamnées à l'obscurité ; la politique, qui depuis 1840 occupait tous les cerveaux, était pour longtemps pacifiée, les intérêts de l'esprit allaient recouvrer le rang qui leur appartient ; on venait d'essuyer d'amères déceptions, l'heure était propice pour un théoricien du désespoir.

Ces circonstances semblent en effet n'avoir pas échappé à Schopenhauer, car, dès ce moment, il ne néglige rien pour en profiter, il aide sans relâche à la fortune, qui semble décidée à le favoriser. Il avait des disciples dévoués, mais peu nombreux, son vieil ami l'avocat Emden, M. Frauenstædt, M. Dorguth, M. Lindner : il excite incessamment l'ardeur de leur zèle, il les encourage et il les caresse, appelant celui-ci son cher apôtre, celui-là son archi-évangéliste, un troisième son *doctor indefatigabilis ;* mais viennent-ils d'aventure à forligner, dérogent-ils tant soit peu à la rigueur de la doctrine, il les tance aussitôt sévèrement. La moindre mention de son nom dans un livre, l'adhésion de quelque inconnu, le plus chétif article, sont des événements que l'on commente en détail. Il y a de la puérilité dans tout cela, et toutefois ce travail obstiné porte ses fruits. La doctrine est désensorcelée, les honneurs de la discussion lui sont accordés, l'enthousiasme naît avec l'hostilité, le « Gaspard Hæuser » de la philosophie aspira délicieusement le grand air de la liberté, et le vieux pessimiste peut s'écrier en savourant cette gloire tardive : « Enfin le Nil est arrivé au Caire. »

J'ai eu l'honneur de le voir dans la joie et l'éclat de ses dernières années ; quoiqu'il ne fût pas en général de facile abord, il accueillait volontiers les Français et les Anglais. Je le trouvai dans sa bibliothèque, où j'aperçus en entrant le buste en plâtre de Kant par Hagemann ; lui-même posait en ce moment pour le sien, qu'était en train de modeler un estimable artiste de Berlin, Melle Ney. Son portrait avait déjà été fait plusieurs fois par Lindenschatz, par Gœbel, et multiplié par la photographie : c'était la consécration de sa récente célébrité. Schopenhauer avait alors soixante et onze ans, les cheveux et la barbe entièrement blancs ; mais c'était un vieillard alerte, avec les yeux et le geste d'un jeune homme. Je fus frappé d'un sillon sarcastique autour de sa bouche. Il n'avait rien de la raideur d'un philosophe de profession. Il me reçut bien, mais sans se lever et sans cesser de caresser de la main, d'une manière presque injurieuse pour les hommes, un bel épagneul noir. Voyant que je le remarquais, il me dit qu'il l'avait appelé *Atma* (âme du monde, en sanscrit), qu'il aimait les chiens parce qu'il ne trouvait qu'en eux l'intelligence sans la dissimulation humaine. Il me demanda si j'avais lu la critique de Gutzkow sur son dernier ouvrage, ses *Parerga*, qui sont un recueil de fragments ; je fus

obligé d'avouer que je n'avais lu ni la critique
ni l'ouvrage. Je ne voulus pas prolonger cette
visite, et il me donna rendez-vous pour le soir
à l'hôtel d'Angleterre, où il prenait ses repas.

J'arrivai vers la fin de son dîner, et je le
trouvai assis à table d'hôte, à côté de plusieurs
officiers. Je remarquai devant lui, près de son
assiette, un louis d'or qu'il prit en se levant et
qu'il mit dans sa poche. « Voilà vingt francs,
me dit-il, que je mets là depuis un mois avec la
résolution de les donner aux pauvres le jour où
ces messieurs auront parlé d'autre chose pendant le dîner que d'avancement, de chevaux et
de femmes. Je les ai encore. » Nous allâmes nous
asseoir seuls à une table. Je lui dis en souriant
que je le savais sévère pour les femmes, et que
l'amour me paraissait après tout une des fortes
objections à opposer à son pessimisme. Il me
répondit avec gravité : « L'amour, c'est l'ennemi. Faites-en, si cela vous convient, un luxe
et un passe-temps, traitez-le en artiste; le Génie
de l'espèce est un industriel qui ne veut que produire. Il n'a qu'une pensée, pensée positive et sans
poésie, c'est la durée du genre humain. Les
hommes ne sont mus ni par des convoitises dépravées ni par un attrait divin, ils travaillent
pour le Génie de l'espèce sans le savoir, ils sont
tout à la fois ses courtiers, ses instruments et

ses dupes. Admirez, si vous le voulez, ses procédés ; mais n'oubliez pas qu'il ne songe qu'à combler les vides, à réparer les brèches, à maintenir l'équilibre entre les provisions et la dépense, à tenir toujours largement peuplée l'étable où la douleur et la mort viennent recruter leurs victimes. C'est pour cela, c'est en vue de l'espèce, qu'avant de rapprocher les rouages de la machine, ce Génie perfide, qui ne veut pas manquer son œuvre, observe si soigneusement leurs propriétés, leurs combinaisons, leurs réactions, leurs antipathies. Les femmes sont ses complices. Elles ont accompli une chose merveilleuse lorsqu'elles ont spiritualisé l'amour. Peut-être c'en était fait de lui et du genre humain ; les hommes, fatigués de souffrir et ne voyant nul moyen de se dérober jamais, eux ni leurs enfants, aux misères qui les accablaient et que la culture leur rendait chaque jour plus sensibles, allaient peut-être prendre enfin le chemin du salut en renonçant à l'amour. Les femmes y ont pourvu. C'est alors qu'elles se sont adressées à l'intelligence de l'homme et que tout ce qu'il y a de spirituel dans l'organisation féminine, elles l'ont consacré à ce jeu qu'elles appellent l'amour. Peuples de galantins que vous êtes, dupes innocentes, qui croyez, en cultivant l'esprit des femmes, les élever jusqu'à vous, comment n'avez-vous pas encore vu que ces reines de vos sociétés ont de l'esprit souvent, du génie par accident, mais de l'intelligence jamais, ou que ce qu'elles en ont ressemble à l'intelligence de l'homme comme le soleil, fleur des jardins, ressemble au soleil, roi de la lumière. Depuis que vous les avez admises à délibérer, elles ont fait de vous une race de Chrysales qui a désappris sous leur joug les fortes vertus. Ce sont elles qui ont le plus contribué à inoculer au monde moderne le mal qui le ronge. Trop faibles de corps et d'esprit pour soutenir par la discussion la place qu'elles ont usurpée, à la fois débiles et tyranniques, il faut bien pourtant qu'elles aient une arme : le lion a ses griffes et ses dents, le vautour son bec, l'éléphant ses défenses, le taureau ses cornes, la sépia, pour tuer l'ennemi ou le fuir, lâche son encre et trouble l'eau : voilà le véritable analogue de la femme. Comme la sépia, elle s'enveloppe d'un nuage et se met à l'aise dans la dissimulation. Et maintenant, dressés à leur école, qui d'entre vous se vantera d'être sincère et peut parler d'indépendance sans qu'une femme, sans que toutes les femmes sourient ? Vous voyez, beau défenseur de l'amour, que je ne diminue pas leur part dans l'œuvre de la civilisation Tenez, j'ai soixante-dix ans et plus, et si je me félicite d'une chose, c'est d'avoir éventé à temps le piège de la nature; voilà pourquoi je ne me suis pas marié. Les grandes religions ont toutes vanté la continence, mais elles n'ont pas toujours compris ce qui fait de cette vertu la vertu souveraine. Elles n'y ont vu souvent que le déploiement d'une énergie sans but, le mérite d'obéir à une loi fantasque, de supporter une privation gratuite, ou bien encore elles ont couronné dans le célibat je ne sais quelle pureté incompréhensible et fait ainsi la part trop belle aux économistes et aux saint-simoniens. Le prix de cette vertu, c'est qu'elle mène au salut; préparer la fin du monde et en indiquer le chemin, telle est la suprême utilité des existences ascétiques. A force de prodiges, et d'aumônes, et de consolations, l'apôtre de la charité sauve de la mort quelques familles vouées par ses bienfaits à une longue agonie; l'ascète fait davantage, il sauve de la vie des générations entières. Il donne un exemple qui a failli sauver le monde deux ou trois fois. Les femmes ne l'ont pas voulu; c'est pourquoi je les hais. »

Schopenhauer n'aimait pas la contradiction, et je n'étais pas venu pour argumenter contre lui; mais, quoique j'eusse déjà une idée de sa doctrine, j'étais tenté de prendre cette sortie pour une boutade, peut-être voulait-il s'amuser à essayer sur un étranger l'enchantement satanique de ses sophismes. Cependant il parlait avec calme en lançant de temps en temps une bouffée de tabac; ses paroles, lentes et monotones, qui m'arrivaient à travers le bruit des verres et les éclats de gaîté de nos voisins, me causaient une sorte de malaise, comme si j'eusse senti passer sur moi un souffle glacé à travers la porte du néant. J'osai pourtant, au bout de quelques minutes, déclarer que, quant à moi, la vie me semblait supportable, et que, si le monde allait encore médiocrement, le progrès finirait par l'améliorer, et en atténuerait assez les imperfections pour que l'on pût s'en contenter. « Nous y voilà, répondit-il. Le progrès, c'est là votre chimère, il est le rêve du xixe siècle comme la résurrection des morts était celui du xe; chaque âge a le sien. Quand, épuisant vos greniers et ceux du passé, vous aurez porté plus haut encore votre entassement de sciences et de richesses, l'homme, en se mesurant à un pareil amas, en sera-t-il moins petit? Misérables parvenus, enrichis de ce que vous n'avez pas gagné, orgueilleux de ce qui ne vous appartient pas, mendiants insolents qui glanez le champ des premiers inventeurs et qui pillez leurs ruines, comparez si vous l'osez, vous qui célébrez vos découvertes avec tant de pompe, l'algèbre avec le langage, l'imprimerie avec l'écriture, votre science avec les simples calculs de ceux qui les premiers regardèrent le ciel, vos *steamers* avec la première barque à laquelle un audacieux mit une voile et un gouvernail? Que sont vos ingénieurs et vos chimistes auprès de ceux qui vous ont donné le feu, la charrue et les métaux? Vous avez fait de tout cela des présents divins, vous avez eu raison. Pourquoi donc êtes-vous si arrogants? Je vois grandir la pyramide que vous n'avez pas commencée et que vous n'achèverez pas; mais le dernier ouvrier qui s'assoira fièrement sur le faîte sera-t-il plus grand que celui qui en a posé le premier bloc? Racontez-moi pour la première fois vos ennuyeuses histoires, et, si les grandeurs passées ne vous suffisent pas, anticipez l'avenir, ne craignez pas de prophétiser. Variez les changements de scène, multipliez les acteurs, appelez les masses humaines sur le théâtre, inventez, si vous avez l'imagination assez riche, des péripéties. Ces histoires sont comme les drames de Gozzi; les motifs, les incidents changent dans chaque pièce et ne se reproduisent jamais, il est vrai : mais l'esprit de ces incidents est invariable, la catastrophe prévue, les personnages toujours les mêmes. Voici, en dépit de toutes les expériences et de toutes corrections, Pantalon toujours aussi lourd et aussi avare, Tartaglia toujours aussi fripon,

Brighella toujours aussi lâche, Colombine toujours aussi coquette et aussi perfide. Heureusement, ils trouvent un parterre prêt à applaudir la pièce du jour, parce qu'il ne se souvient plus de celle qu'il a vu jouer la veille. Les yeux charmés et la bouche béante, les spectateurs suivent avec ravissement et pleins d'attente le *progrès* des choses jusqu'au dénoûment, dont la monotonie les étonne sans les décourager. »

Il parla encore longtemps sur toute sorte de sujets, et entre autres sur les phénomènes magiques, auxquels il prenait beaucoup d'intérêt. La salle où nous étions s'était vidée peu à peu; le silence s'est fait autour de nous. Beaucoup de ses raisonnements me paraissaient faibles, et j'aurais voulu répondre; mais, soit que la fumée de tabac dont l'atmosphère était imprégnée me portât au cerveau, soit que ses discours bizarres eussent fini par m'étourdir, des vertiges inconnus me gagnaient à mesure que j'essayais de suivre cet étrange raisonneur. Je le quittai fort tard, et il me sembla, longtemps après l'avoir quitté, être ballotté sur une mer houleuse, sillonnée d'horribles courants. Cette conversation, qui avait été plus d'une fois obscure pour moi, demeura profondément gravée dans ma mémoire, et la plupart de ces obscurités se dissipèrent lorsque j'eus étudié de plus près l'ensemble de la doctrine. C'est cette doctrine qu'il s'agit maintenant d'exposer.

II

L'homme qui meurt sait qu'il n'emporte pas l'univers dans la tombe : d'autres yeux restent ouverts pour l'admirer, d'autres êtres sensibles en jouiront après lui.

Supposons réalisée la vision du poète : les nations ont disparu jusqu'au dernier homme de la surface de la terre; les animaux n'existent plus, tous, sans en excepter les plus humbles et ceux en qui le sentiment de la vie dépasse à peine l'obscurité du rêve, ont cessé d'être. Seulement la terre, avec ses continents diversement découpés, avec les océans qui l'enserrent, avec les végétaux qui la décorent, continue à rouler dans l'espace, le soleil à répandre tour à tour sur les deux hémisphères le feu de ses rayons, les cieux à envelopper de toutes parts notre ancienne demeure. Il semble que l'univers subsiste alors tel que vous le voyez, que la présence ou l'absence d'aucun être sentant n'y ajoute rien.

Regardez-y de plus près cependant, et vous

reconnaîtrez que peut-être il n'en est pas ainsi. Cet univers que vous considérez comme éternel, pour rester ce qu'il vous paraît, pour présenter l'ordre que vous appelez ses lois et revêtir les couleurs dont vous êtes éblouis, a peut-être besoin d'une intelligence qui le contemple. Supprimez tous les yeux, c'est comme si vous éteigniez la lumière; supprimez tous les cerveaux, c'est comme si vous anéantissiez l'ordre. Si beau que soit le spectacle, la beauté que vous y trouvez et l'ordre qui y règne n'existent qu'à la condition d'être regardés et sentis. Supposez le spectateur autrement constitué, — doué par exemple d'une autre organisation cérébrale, — le spectacle change; supposez-le entièrement supprimé, la scène elle-même s'abîme dans la nuit. Si vous imaginez qu'il en subsiste quelque chose, c'est qu'il vous est difficile d'effacer de votre esprit jusqu'à l'idée d'une intelligence possible.

Pour exprimer la même chose en d'autres termes, l'esprit humain resterait vide à jamais, si le jeu des réalités et les impressions qu'il fait sur l'organisme ne fournissaient à l'intelligence de quoi s'exercer; mais il est également vrai que les choses resteraient une mer de ténèbres, un chaos de possibilités sans couleur et sans formes, si l'intelligence ne venait y répandre sa lumière. C'est elle qui l'éclaire et qui l'ordonne moyennant les principes qui la constituent, moyennant l'espace d'où dépend l'ordre des situations, le temps d'où dépend l'ordre des successions, la causalité qui enchaîne, suivant des règles constantes, les phénomènes entre eux dans l'espace et le temps. Les formes des choses, qui nous apparaissent comme les conditions absolues et nécessaires de toute existence réelle, sont inhérentes à l'intelligence, et c'est elle qui les imprime au monde et y répand ainsi toute diversité; car, ôtez l'espace, il n'y a plus de parties distinctes les unes des autres; ôtez le temps, il n'y a plus d'avant et d'après; ôtez la loi par laquelle nous enchainons d'une façon régulière les faits successifs, il n'y a plus d'effets et de causes. En un mot, l'univers n'existe plus, parce qu'il est, tel que nous le sentons et qu'il nous apparaît, un phénomène cérébral. « Deux choses étaient devant moi, dit Schopenhauer dans un fragment profond et bizarre, deux corps, pesants, de formes régulières, beaux à voir. L'un était un vase de jaspe avec une bordure et des anses d'or; l'autre, un corps organisé, un homme. Après les avoir longtemps admirés du dehors, je priai le génie qui m'accompagnait de me laisser pénétrer dans leur intérieur. Il me le permit, et dans le vase je ne trouvai rien, si ce n'est la pression de la pesanteur et je ne sais quelle obscure tendance réciproque entre ses parties que j'ai entendu désigner sous le nom de cohésion et d'affinité ; mais quand je pénétrai dans l'autre objet, quelle surprise, et comment raconter ce que je vis ! Les contes de fées et les fables n'ont rien de plus incroyable. Au sein de cet objet ou plutôt dans la partie supérieure appelée la tête, et qui, vue du dehors, semblait un objet comme tous les autres, circonscrit dans l'espace, pesant, etc., je trouvai quoi ? le monde lui-même, avec l'immensité de l'espace, dans lequel le Tout est contenu, et l'immensité du temps, dans lequel le Tout se meut, et avec la prodigieuse variété des choses qui remplissent l'espace et le temps, et, ce qui est presque insensé à dire, je m'y aperçus moi-même allant et venant...

« Oui, voilà ce que je découvris dans cet objet à peine aussi gros qu'un gros fruit, et que le bourreau peut faire tomber d'un seul coup, de manière à plonger du même coup dans la nuit le monde qui y est renfermé. Et ce monde n'existerait plus si cette sorte d'objets ne pullulait sans cesse, pareils à des champignons, pour recevoir le monde prêt à sombrer dans le néant, et se renvoyer entre eux, comme un ballon, cette grande image identique en tous, dont ils expriment cette identité par le mot d'objet... »

Le monde est donc l'idée qui en est présente en tout être qui vit et qui connaît. Tel est le paradoxe par lequel débute la philosophie de Schopenhauer; l'on pourrait être tenté de ne pas le suivre plus avant et de l'abandonner sur cet étrange défi jeté dès l'abord au sens commun. Et toutefois, quelque choquante qu'une telle manière de voir puisse paraître au premier regard de la raison, elle n'a rien de nouveau pour ceux qui sont tant soit peu versés dans l'histoire de la philosophie; peut-être même n'en est-il pas de plus familière aux esprits accoutumés à la singularité apparente des points de vue spéculatifs. Pour ne citer qu'un petit nombre des philosophes qui l'ont adoptée, Kant a travaillé une partie de sa vie sur cette idée, et en s'attachant à démontrer que l'espace, le temps, la causalité, sont purement inhérents à la sensibilité ou à l'intelligence humaine, il a donné à la théorie en question un caractère précis et positif. Elle a été reprise de nos jours et présentée avec une rare vigueur par un physicien anglais, le professeur Ferrier. Avant Kant et Ferrier, plusieurs philosophes avaient été conduits à exposer sous les formes les plus variées des idées analogues, entre autres Berkeley et un philosophe aux frais duquel Voltaire a fait rire toute l'Europe, le trop fameux docteur *Akakia*, Moreau de Maupertuis, qui s'exprime ainsi dans ses *Lettres philosophiques* (1) : « Nous vivons dans un monde où rien de ce que nous apercevons ne ressemble à ce que nous apercevons. Des êtres inconnus excitent dans notre âme tous les sentiments, toutes les perceptions qu'elle éprouve, et, ne ressemblant à aucune des choses que nous apercevons, nous les représentent toutes. »

Il y a plus, cette doctrine revêt les déguisements sous lesquels on est le moins préparé à la reconnaître : elle se rattache par des liens secrets, mais réels, à tel système qui repousserait, je n'en doute pas, énergiquement cette parenté. Le positivisme, par exemple, peut s'étonner qu'on le rapproche d'aucun système métaphysique, et par-dessus tout de celui-là. Quel est pourtant le principe sur lequel il entend élever son édifice ? C'est que le monde se compose pour l'homme de faits observables, rien de plus, que nous pouvons bien coordonner ces faits suivant des lois, mais que nous devons renoncer à toute recherche sur la substance, la cause, la réalité quelconque qui est censée se dérober derrière les phénomènes. Or, que fait ici le positivisme ?

(1) Dresde, 1752.

Sans s'expliquer sur la nature des phénomènes dont il compose exclusivement la connaissance et au delà desquels il n'y a pour lui qu'illusions et ténèbres, sans se prononcer sur les rapports de l'esprit et des choses que l'esprit considère, il pose en principe la phénoménalité du monde. Il a beau se récuser par prudence ou par ironie en matière métaphysique, l'idée qu'il prend pour point de départ implique toute une théorie. Et d'ailleurs il s'arrête trop tôt, il fait un effort doublement inutile pour contenter l'intelligence par une explication purement physique des choses, d'abord parce que les deux bouts de la chaîne des phénomènes doivent échapper éternellement à la science qui n'en peut saisir que quelques anneaux, en second lieu parce que les lois générales que la science constate dans la portion de l'espace et de la durée qui est à sa portée, les lois de la pesanteur, de la communication du mouvement, de la chaleur, de l'électricité, comme celles qui président aux créations chimiques et organiques, réclament elles-mêmes une explication. On veut très inutilement que nous ayons la sagesse de nous en tenir à celle qui nous est fournie par les sciences positives. On perd sa peine à combattre la maladie métaphysique. Maladie, si l'on veut; rien ne peut la guérir ni l'extirper. Elle est commune à tous les hommes, sans en excepter ceux qui font profession de positivisme, et, qui pis est, elle leur est chère. Pour l'animal, l'univers est chose qui va d'elle-même, sans difficulté, sans mystère; l'animal ne se pose aucune question et n'attend aucune explication sur lui-même ni sur le monde, et c'est pour cela qu'il appartient à l'animalité pure. Pour l'homme, le monde est une énigme dont l'instinct le plus invincible de sa nature le pousse à chercher le mot, et ce mot, quand il ne le trouve pas, il le forge. Lorsqu'il s'est mille fois trompé et que ses erreurs l'ont conduit à la conviction qu'il ne parviendra jamais à expliquer le mystère, il peut alors par désespoir, ou pour épargner sa peine, ou pour se faire honneur d'une sagesse au-dessus de l'ordinaire, renoncer momentanément à cet ordre de questions; mais il a beau nier l'énigme, il ne la supprime pas; le monde, exploré scientifiquement et peu à peu découvert, ne dépouille pas pour cela son mystère, et c'est ce que prouvent la renaissance des philosophies comme la durée des religions. Ce n'est pas à dire pour cela qu'il faille se reposer à tout prix dans des solutions incertaines et refuser de prêter l'oreille aux difficultés que vient élever le scepticisme. Le scepticisme est l'aiguillon de la curiosité, comme il est un frein à la témérité des doctrines. Aucune ne peut être à l'abri de l'examen, et si le scepticisme n'atteint pas les lois constatées et dûment vérifiées par les sciences positives, il porte en plein contre l'explication purement physique du monde qui constitue le positivisme lui-même, c'est-à-dire contre la prétention de couper court à la recherche du mot de l'énigme. Par une analogie curieuse, cette prétention d'un système qui se donne pour une doctrine d'affranchissement lui est commune avec les religions intolérantes et dogmatiques, celles-ci repoussant l'enquête parce qu'elles se déclarent en possession du mot qu'on cherche, celui-là condamnant la recherche parce qu'il n'y a pas de mot à chercher.

L'homme est un *animal métaphysique*. Il faut le prendre tel qu'il est et reconnaître que, par delà l'expérience, il est porté par une impulsion irrésistible à chercher quelque chose qui en rende compte. Cependant que cherche-t-il en poursuivant derrière ce monde phénoménal l'explication des choses? il cherche un *objet* qui soit indépendant de son intelligence, auquel ne s'appliquent pas les formes, inhérentes à celle-ci, le temps, l'espace, la causalité, conditions absolues de toute pensée. Il cherche à connaître en dehors des lois de la connaissance; il se propose une tâche qui implique contradiction. Considérez en effet les choses en tant qu'objets de la connaissance, toutes font évidemment partie de la totalité du monde et rentrent ainsi dans l'énigme qu'il s'agit d'expliquer; aucune de ces choses ne peut donc servir d'explication aux autres. Le corps humain, et le cerveau qui est en nous l'organe de la pensée, et la pensée elle-même, sont à leur rang dans la série des actions et des réactions universelles, occupent leur place dans le réseau indéfini des phénomènes qui composent le monde. Vouloir sortir de ce monde pour en chercher l'explication, n'est-ce pas tenter de vouloir sauter plus loin que son ombre? Ou bien y aurait-il quelque moyen d'atteindre par adresse ou par surprise cette chose, explication de tout le reste, qui se dérobe incessamment à la pensée directe?

L'homme n'est pas une pensée pure, ou, comme s'exprime notre philosophe, il n'est pas une tête ailée à la manière des chérubins. L'homme est un corps, et par ce corps il tient à la souche commune de tous les êtres. De plus il a le sentiment de son corps; il sent que les mouvements de son corps répondent aux actes de sa volonté, qu'ils sont les actes de sa volonté, ou plutôt encore qu'ils sont sa volonté même se manifestant dans le monde visible des réalités, car il n'y a pas de volonté positive qui ne soit efficace et ne se traduise aussitôt par un mouvement ; toute volonté sans effet est une pure abstraction, la simple idée d'une volonté qui pourrait être, mais qui n'existe pas. Bref, il aperçoit en même temps, comme liés l'un à l'autre, la volonté qui est le principe, et le mouvement qui est l'effet. On pourrait dire en un certain sens que le corps et la volonté sont identiques, avec cette différence toutefois que la seconde est saisie directement par le sentiment, et que le premier est connu par l'intelligence. On peut dire encore, ce qui revient au même, que la volonté est l'aperception *a priori* du corps, et que ce corps est la connaissance *a posteriori* de la volonté ; mais cette différence est essentielle : la volonté, c'est la chose primordiale d'où nous procédons et d'où tout procède, c'est le principe universel dans lequel notre existence est enracinée ainsi que toutes les existences, c'est la réalité originelle que nous saisissons en nous directement, que nous ne pouvons saisir que là : elle est la seule chose que nous atteignons directement par le sentiment, tandis que tout le reste est connu, c'est-à-dire dépendant des lois qui régissent l'expérience intellectuelle, relatif à notre organisation particulière, et par conséquent phénoménal. C'est ici le passage étroit et bas, mais unique, par lequel il nous est donné de pénétrer dans les coulisses de l'univers ; c'est la poterne obscure ouverte pour nous introduire au cœur de la place. De même que le corps et les mouvements du corps sont les manifestations de la volonté, disons mieux, sont la volonté même apparaissant dans la contexture des causes et des effets, où elle revêt les caractères de l'individualité et de la diversité infinie, soumise à des lois constantes, de même tous les êtres dont l'ensemble compose l'infinité du monde, tous les mouvements auxquels ces êtres sont soumis ou qu'ils accomplissent, tous ces êtres et ces mouvements, quelles qu'en soient les lois et la nature, sont les manifestations de la volonté, ils sont la volonté même ; car n'étant point soumise aux conditions de l'expérience intellectuelle, la volonté n'a rien à faire avec les formes du temps, de l'espace, de la causalité, conditions de toute connaissance, en sorte que les catégories d'unité et de pluralité, de simplicité et de composition, de liberté et de nécessité, ne lui sont point applicables. Le monde est volonté en même temps que représentation.

Si l'on a saisi le nœud subtil de la doctrine que je viens d'exposer, et si l'étrangeté de cette doctrine ne la fait pas juger indigne de toute objection, on ne peut manquer de dire : Voilà bien le plus audacieux abus que jamais philosophe se soit permis de faire d'une méthode toujours périlleuse, l'analogie. Quel rapport peut-il exister entre la volonté d'où procèdent les mouvements de l'ouvrier qui manie un instrument, — de l'acteur qui joue un rôle, de l'orateur qui calcule ses gestes, de l'artiste qui dessine, du maître d'escrime qui parade, — et la cause qui fait couler l'eau ou grandir le végétal, ou les lois qui président aux mouvements instinctifs et aux fonctions vitales? Peut-on, sans outrer les analogies et sans faire violence au langage, confondre sous un même nom des causes d'où dérivent des effets si différents? N'est-ce pas se moquer que de transporter ainsi au principe universel des choses, quel qu'il soit, une dénomination aussi spéciale que celle de volonté, empruntée au principe le plus propre à l'homme, à un principe dont on a fait la caractéristique de l'humanité et la base même de l'individualité? Et si l'on ne veut que se payer de mots et rendre l'indétermination du principe par la généralité de l'expression, pourquoi chercher en dehors du langage usité? N'a-t-on pas le mot *force?* Il est admis par les savants, adopté depuis longtemps par les philosophes, et d'une généralité qui le rend d'un emploi commode, puisqu'elle se prête à des acceptions très diverses. Si la volonté est une force, comme tout ce qui produit des mouvements, toute force n'est pas cependant une volonté. Pourquoi donc confondre ainsi de parti pris le genre et l'espèce? Pourquoi ce bizarre caprice de remplacer ce qui est plus connu par ce qui l'est moins?

Cette objection conduit à un des points les plus délicats de la philosophie de Schopenhauer. Pour le géomètre et le physicien, le mot de force présente en effet un sens parfaitement clair; ils s'en servent pour désigner tout ce qui produit des mouvements, et ils reconnaissent autant de forces qu'il y a d'espèces de mouvements. Ces mouvements, ils les définissent, les décomposent, les comparent, les mesurent, et par le nom de force ils désignent moins encore la cause réelle qui les produit que les conditions constantes dans lesquelles se produisent les mouvements observables. Bref, ce mot exprime le rapport d'un phénomène donné à ses conditions naturelles, et ce rapport appartient exclusivement à l'ordre des objets qui sont dans le domaine de l'expérience et que nous connaissons en vertu des formes inhérentes à notre intelligence. Ce mot, légitimement appréciable dans cette sphère d'objets, ne saurait être transporté dans une autre; s'il indique clairement le rapport d'un mouvement donné à ses conditions, ou de cause à effet, il ne saurait, précisément pour cette raison, indiquer le rapport tout différent de phénomène à ce qui est le fondement du phénomène, et il dissimulerait, au lieu de la manifester, la transcendance de l'être en soi. La volonté, au contraire, est la seule chose qui ne relève pas de l'expérience intellectuelle, la seule qui soit aperçue sans l'intermédiaire des formes générales de toute notion et saisie directement. C'est ici seulement que les deux aspects de la réalité totale, le phénomène connu par l'intelligence et la volonté saisie par le sentiment, sont embrassés dans leur identité. Voilà pourquoi le mot volonté est le seul juste pour exprimer l'essence primordiale des choses. Il est vrai que les phénomènes de la volonté s'accomplissent ordinairement dans l'homme entourés de circonstances spéciales qui en déguisent jusqu'à un certain point la nature, que, par exemple, les mouvements qui procèdent de la volonté y apparaissent souvent gouvernés par une pensée et dirigés vers une fin préconçue; mais ces circonstances, que l'on est tenté de prendre pour essentielles à la volonté, sont au contraire accidentelles et secondaires. Dégagez la volonté de ces conditions particulières, opérez cette abstraction qui ne comporte aucune difficulté, l'identité de la volonté à tous les degrés de l'échelle des êtres et comme fondement de tous les phénomènes, depuis la précipitation du cristal et la déclinaison de l'aiguille aimantée jusqu'à l'action réfléchie de l'homme, ne soulève plus d'objection. Il y a plus, cette analogie est la seule clé à l'aide de laquelle tout puisse être expliqué. « Comprenez-vous mieux le mouvement de la bille choquée par une autre que vos propres mouvements, lorsqu'un motif vous fait agir? Vous le croyez peut-être, mais je vous dis : C'est tout le contraire. Regardez-y de près, et vous trouverez ces divers mouvements identiques au fond, identiques, il est vrai, comme le ton le plus grave qu'on puisse entendre est identique au même ton de l'octave la plus élevée perceptible à l'oreille. »

Qu'on nous permette d'appuyer encore un instant sur ce point. Après tout, la séparation de la volonté et de l'intelligence et la subordination radicale de celle-ci à celle-là sont la base sur laquelle repose toute la doctrine de Schopenhauer. Dans le sens habituel qu'on donne au mot volonté, une certaine idée préexiste aux manifestations de la volonté et la dirige vers un but déterminé. De là vient que la nouvelle philosophie allemande, associant, non sans quelque confusion, un mot emprunté au système de Platon et les données de l'expérience vulgaire, a considéré l'idée comme le principe des choses et la volonté comme un des instruments dont l'idée se sert pour se réaliser. Schopenhauer renverse les termes : selon lui, la volonté est le principe, la pensée est un moyen particulier et dérivé. Il n'est pas vrai, comme la plupart des philosophes n'ont cessé de le répéter depuis Aristote, qu'il existe deux sortes de mouvements, le mouvement communiqué et le mouvement spontané : il n'en existe qu'une seule. Il n'est pas vrai non plus, comme la plupart des géomètres s'efforcent de l'établir, surtout depuis Descartes, et comme la plupart des physiciens inclinent à l'admettre, qu'il n'existe que des mouvements mécaniques, et que les mouvements spontanés doivent tôt ou tard être ramenés par la science à cette sorte de mouvement : au contraire, il n'y a pas d'autres mouvements que ceux dont la volonté est le principe; seulement ces mouvements se manifestent aux différents étages de la nature dans des conditions et sous des formes différentes, et c'est ce qui engendre la variété dans l'univers. Le monde des êtres non organisés, objet de la mécanique, de la physique, de la chimie et de plusieurs autres sciences, présente ce trait particulier, qu'entre les mouvements qui s'y produisent et les conditions auxquelles ces mouvements se rattachent, il existe une analogie de nature et une équivalence plus ou moins évidente. Qu'il s'agisse d'une simple communication de mouvement par le contact, ou de phénomènes produits par les forces physiques, ou des forces plus cachées encore qui président aux compositions et aux décompositions chimiques, soit que l'on considère le clou qui cède aux coups répétés du marteau, le boulet chassé du canon par la dilatation des gaz, ou l'eau décomposée par l'action de la pile, entre le phénomène produit et ses conditions il existe un rapport visible et mesurable ; le phénomène et ses conditions sont soumis à des lois qu'on peut étudier rigoureusement et exprimer en formules numériques. Le monde inorganique est proprement l'empire des causes. Franchissons les limites qui le séparent du règne des êtres organisés. A peine entrés dans celui-ci, nous voyons les causes revêtir de tout autres apparences. La vie organique, même à ses plus humbles degrés, se développe par l'action de certains stimulants externes ou internes, tels que la chaleur, la lumière, l'air, les aliments solides ou liquides, etc., lesquels ne présentent plus qu'une lointaine et obscure analogie avec les effets produits. Les changements qui s'accomplissent dans cet ensemble délicat de parties que l'on appelle un organisme ont lieu en présence et sous l'action d'un stimulant ; mais ils semblent avoir si peu de rapport avec cette action, qui, à un certain degré, paraît exalter la vie, et qui, à un autre degré, peut en troubler, suspendre ou arrêter pour toujours les manifestations, que le véritable principe de ces modifications diverses réside évidemment dans l'organisme. Un rayon de soleil, une ondée rapide, une petite quantité de chaux mêlée au sol accélèrent la végétation dans une proportion extraordinaire ; un excès de chaleur ou d'humidité, la présence de quelque autre élément, la détruisent. Quelques grains d'opium ou une légère dose de tel ou tel poison surexcitent dans l'animal les fonctions organiques ; que cette mesure soit dépassée, les mêmes substances amènent la paralysie et la mort. Ainsi la diversité s'accuse entre les causes et les effets. Faisons un pas de plus : tout dans l'animal ne relève pas de la vie végétative ou organique ; l'existence est attachée en lui à des conditions bien autrement complexes que dans le végétal ; elle n'est plus soumise à l'action de simples stimulants. La vie de l'animal ne serait pas suffisamment assurée par des actions de cet ordre, il ne tarderait pas à périr, s'il ne pouvait aller saisir des objets éloignés de lui pour se les assimiler ou pour les faire servir à la satisfaction de ses besoins, et s'il n'avait par conséquent la faculté de les apercevoir. Ces objets, placés à distance, agissent uniquement sur lui par leurs propriétés physiques ou chimiques, ils le modifient par les perceptions qu'il en a, perceptions qui s'accomplissent au moyen d'un système nerveux, et, chez les animaux de l'ordre le plus élevé, d'un cerveau. La plante ne perçoit pas : à quoi servirait cette faculté sans la locomotion, qui permet d'atteindre ou d'éviter les objets perçus? La plante est fixée au sol, tandis que l'animal jouit d'une indépendance locale plus ou moins complète. La volonté se manifeste donc chez lui plus clairement que dans le végétal et correspond par ses manifestations à un organisme plus compliqué, sans toutefois changer de nature. Les actions qui constituent le monde animal, où l'intelligence s'épuise dans la satisfaction des besoins, sont caractérisées par la perception et la sensation. Au delà de ce point, il semble que nous entrions dans un monde nouveau. L'animal est gouverné presque exclusivement par l'intuition immédiate des objets présents, il n'a que des perceptions; l'homme a des idées. Les objets qui l'ont modifié antérieurement par leur présence agissent sur lui, même absents, par la notion qu'il en garde. Ce n'est pas tout : cette notion ne s'applique pas à un seul individu, elle embrasse tout un ordre d'objets similaires, elle comprend non seulement ceux que vous avez rencontrés, mais tous ceux de même espèce que vous pouvez rencontrer encore. Outre le moment présent, l'homme conçoit le passé et l'avenir, ce qui est proche et ce qui est éloigné, l'expérience acquise et l'expérience future; il conçoit l'univers entier, que dis-je? il le dépasse, car à l'univers réel il ajoute l'univers plus vaste encore des réalités possibles. La nature entière réside et se meut dans son cerveau, et telle est la délicatesse, l'excitabilité merveilleuse de son organisation, que les idées, ces ombres, après des conflits tumultueux qui souvent agitent sa pensée et troublent son âme, déterminent aussi sûrement son action que le choc d'une bille en mouvement détermine celui d'une bille en repos, — qu'un certain degré de chaleur détermine la vaporisation de l'eau, — que l'action de la lumière et du soleil détermine l'épanouissement de la rose ou la fructification du pêcher, — que la chute d'un moucheron sur la toile d'une araignée attire celle-ci du fond de sa retraite. Seulement le cercle des mobiles ou des motifs auxquels l'homme peut obéir est infiniment plus étendu que celui des causes diverses qui agissent dans les règnes inférieurs, puisque, avec toutes les impressions présentes, il comprend toutes les idées que l'homme a recueillies de son expérience passée, et qui, présentes à son esprit et pouvant contribuer à le déterminer, le mettent à même de réfléchir, de comparer, de délibérer, de calculer, de prévoir. L'homme a donc dans sa volonté le principe premier de son activité, mais il en porte dans son cerveau les causes déterminantes et directrices : l'intelligence est le médium par lequel la nature entière exerce sur lui son action.

A mesure qu'on s'élève de règne en règne, les mouvements et les conditions qui les règlent se distinguent davantage les uns des autres et deviennent de plus en plus hétérogènes, la cause et l'effet se séparent, le lien qui les unit s'allonge pour ainsi dire, et va s'atténuant jusqu'à ce qu'il se dérobe aux yeux, et semble, par l'effet d'une illusion inévitable, disparaître entièrement. Au plus infime degré de l'échelle, dans la communication du mouvement, on est tenté de croire au premier abord que tout est parfaitement clair, qu'une fois la loi du mouvement constatée, l'esprit satisfait ne désire plus rien, et que le physicien, le chimiste, le géomètre, auraient tout expliqué, s'ils parvenaient à réduire tous les mouvements d'un autre ordre à celui dont les lois plus simples peuvent être formulées mathématiquement; mais c'est le contraire qui est vrai, et les actions mécaniques sont les plus obscures de toutes, par la raison que la volonté y est plus séparée de son effet, et y est enveloppée d'une écorce plus épaisse. Parmi les diverses formes de la causalité, la première, qui est sans nul doute la plus simple au regard de la science, est en même temps la plus obscure; la lumière ne commence à se faire que là où le principe efficace se saisit directement lui-même en pleine activité, c'est-à dire lorsqu'on atteint cette forme de la causalité où le lien qui rattache les mouvements volontaires aux idées qui les déterminent est plus délicat et devient en quelque sorte impalpable. Arrivé au terme de cette analyse, on voit clairement quel est le rôle, quelle est la nature de l'intelligence; elle n'est pas le principe primordial et créateur, elle est une faculté dérivée et remplit une fonction secondaire; elle répond à la mobilité et aux autres propriétés physiques dans le cristal, à l'excitabilité dans les organismes du règne végétal, à la sensibilité et à la perception dans les animaux. Appropriée aux conditions spéciales et complexes desquelles dépend l'organisation supérieure de l'homme, elle est l'instrument nécessaire de sa conservation.

Nous sommes ramenés ainsi à l'étrange proposition qui sert de point de départ au système : « le monde est un phénomène cérébral. » L'ensemble d'idées qui le constitue dans notre esprit, ce monde d'impressions coordonnées suivant des lois invariables et de notions que nous parvenons à en abstraire, sont un moyen indispensable pour que la volonté se réalise sous une de ses formes, qui est la forme humaine. Le résultat auquel Emmanuel Kant avait été conduit par l'analyse des lois de la connaissance, en réduisant le temps, l'espace, la causalité, à des conditions de l'intelligence et de la sensibilité humaines, Schopenhauer y arrive par une autre voie, par la considération de l'ordre de la nature et de la hiérarchie des êtres, par l'examen des lois de l'organisation vivante, des conditions qu'elle suppose, et des moyens dont elle a été pourvue pour durer. L'étude de l'intelligence et l'observation de la nature convergent et arrivent au même but. Le point de vue idéaliste et le point de vue réaliste s'accordent sur la question essentielle de la nature du monde et des fonctions de l'intelligence, et Schopenhauer exprime ainsi le résultat final auquel il arrive : la volonté est la base infinie de l'édifice des choses, au sommet duquel s'allume, dans le cerveau humain, l'intelligence destinée à éclairer les pas de l'individu et à sauver l'espèce.

Voilà donc l'intelligence, malgré l'importance du rôle qui lui est laissé, remise à sa place, déchue du premier rang qu'elle avait usurpé et des prétentions qu'elle ne cessait d'élever. Dès lors, entre elle et la volonté, l'ordre véritable se trouve rétabli, et le mystère de la vie est éclairé d'une lumière inattendue. L'intelligence humaine dépend de l'organisation, elle ne peut s'affranchir de ses propres lois; mais de quel droit se plaindrait-elle de ne pouvoir dépasser les limites qui lui sont marquées, c'est-à-dire sortir d'elle-même, puisque dans son exercice normal elle n'est qu'un moyen nécessaire à la conservation de l'individu et au salut de l'espèce? Pourquoi lui arrive-t-il de méconnaître cette humble destination? Tant pis pour elle si le cerveau atteint peu à peu dans l'homme un développement parasite, et si elle-même, abusant de cet excès de forces et enivrée de sa propre puissance, au lieu de rester une faculté subalterne au service de la volonté, ose se poser comme le principe et la fin des choses, s'ériger en interprète de l'univers, en maîtresse souveraine de la vie! A qui la faute si, commençant par se méconnaître et par oublier sa fonction naturelle, elle se heurte inutilement contre la borne infranchissable, et se plaint ensuite que l'accès de la vérité absolue lui soit interdit? Si l'homme a tort de se plaindre des conditions imposées à son intelligence, il n'est pas mieux venu à se lamenter sur la malice ou l'imbécillité de sa nature. Qu'est-ce que l'homme? Une manifestation du principe universel au même titre que tous les autres êtres de l'univers. Sa volonté, ou, pour parler exactement, la volonté qui est l'aveugle génératrice des choses, antérieure à toute intelligence, à toute idée, à tout choix, constitue le caractère fondamental de chaque individu, caractère que rien ne peut changer ni détruire. Chaque individu est ce qu'il est, il ne peut pas plus modifier ses tendances que son tempérament, son tempérament que sa figure. L'argile garde les traits qu'il plait au potier de lui imprimer; mais outre cette nature indestructible qui constitue son caractère transcendant, pour employer l'expression du philosophe, l'individu, considéré dans son histoire et dans la suite de sa vie tout entière, a un caractère empirique dont les manifestations sont soumises à la loi de causalité. Chaque action procède d'un mobile actuel ou idéal, comme chaque mouvement dans l'animal procède d'une sensation, chaque altération dans la plante de l'influence d'un stimulant. — chaque modification dans le cristal d'une force mécanique, physique ou chimique. La loi qui préside à l'enchaînement des idées et qui forme la nécessité logique, celle qui préside à la succession des phénomènes et qui forme la nécessité physique, celle qui préside aux relations dans l'espace et qui forme la nécessité géométrique, ont pour complément la loi qui préside à l'enchaînement des actions et des motifs et qui forme la nécessité morale. Puisqu'il est borné dans son intelligence et assujetti dans sa volonté, que l'homme sache accepter sa condition, qu'il renonce à ce rêve insensé qu'on appelle le bonheur, qu'il abjure une fois pour toutes des ambitions toujours déçues, qu'il s'abstienne à jamais de récriminations sans objet et d'une puérile révolte contre les contradictions qu'il aperçoit dans le monde, et dont son intelligence s'irrite comme si elle eût dû être consultée sur l'ordre des choses.

Aux étages inférieurs de la nature, tant que la volonté se déploie dans les ténèbres du règne inorganique ou de la vie purement végétative, les notions de bien et de mal sont sans application possible; ce sont des mots dépourvus de sens. Dès qu'apparaissent la sensibilité et les premières lueurs de la connaissance, la volonté agit dans un monde où tout est effort et fatigue, activité contrariée ou langueur accablante. La souffrance à tous les degrés, depuis la douleur qui tue jusqu'à l'ennui qui mine silencieusement, est la loi absolue dans ce monde. Aussi, lorsque l'intelligence s'épanouit chez l'homme dans sa plénitude, chargée qu'elle est de pourvoir à la sécurité et au bien-être de l'individu, ne cherchant à son insu dans l'univers que les moyens d'accomplir sa tâche et ne les y trouvant pas, elle le déclare rempli de contradictions, l'univers se présente à l'homme comme un problème, et comme un problème insoluble. La plus simple expérience suffit pour démontrer sans réplique que la souffrance est la loi du monde : l'univers, par la voix de tous les êtres sentants, exhale un cri de douleur ou un soupir d'ennui; mais la raison qui parvient à se préserver des illusions volontaires créées par les philosophes peut déclarer *a priori* que le monde est condamné au mal et qu'il est le règne de l'absurde, car la volonté va d'elle-même à la vie, et que trouve-t-elle aussitôt qu'elle atteint cet échelon de la nature où la sensibilité et l'intelligence sont une condition nécessaire de l'existence? Elle trouve que la vie suppose de toute nécessité concurrence et destruction. Dès lors la pensée devient pour l'homme une source de perpétuelles tortures. Non seulement l'individu perçoit, comme les animaux, sous forme de sensation, son état actuel, qui sans cesse exige réparation ou développement, mais sa pensée se tourmente du passé et anticipe les maux à venir. Comme la volonté agit en chaque individu avec toutes ses prétentions, avec toute sa puissance, avec sa fougueuse envie d'être, chaque être sentant et connaissant se fait centre et se considère comme unique; l'égoïsme sans limites est la tendance première et instinctive, et, si rien ne l'arrêtait, il sacrifierait au moi l'univers entier. A l'exemple des moralistes de tous les temps, Schopenhauer ne tarit pas en peintures de l'égoïsme humain, et il trouve pour le caractériser des traits d'une singulière et effrayante énergie.

Le pessimisme, déduit non pas des souffrances accidentelles attachées à la condition humaine, mais des lois de toute existence intelligente, est le fond de la philosophie de Schopenhauer. Il en est aussi l'inspiration constante; c'est à ce point de vue qu'il considère les choses de la vie. N'y a-t-il pourtant aucun moyen de secouer le joug de fer de l'existence? ne peut-on sortir de la contradiction inhérente à la pensée? et ne saurait-on trouver à ce pessimisme un contre-poids et un remède? Ce remède existe, et même il y en a deux fort différents. Pour les imaginer, Schopenhauer combine ingénieusement Platon et le Bouddha. L'un est l'art, l'autre est l'ascétisme.

L'intelligence, en tant que propriété secondaire de l'individu, destinée au service de la volonté, agent intermédiaire entre elle et les choses dont la vie humaine a besoin pour durer, considère celles-ci, dans les relations qu'elles ont avec l'individu, comme pouvant lui être utiles ou nuisibles. Avant tout, c'est une faculté égoïste et pratique. Néanmoins, avec le temps et la culture elle atteint un développement qui, les besoins de la vie une fois satisfaits, laisse un reste, et ce développement se rencontre chez la plupart des hommes, quoiqu'il varie beaucoup d'individu à individu, de peuple à peuple et d'époque à époque. L'intelligence alors ne s'épuise pas tout entière au service de la volonté, elle dispose d'un superflu de puissance qu'elle peut consacrer à considérer les choses, non plus dans leurs relations réelles ou possibles avec la vie, comme pouvant lui être avantageuses ou nuisibles, mais en elles-mêmes, indépendamment de la place que chacune d'elles occupe dans le réseau des causes, et qui constitue son individualité. D'une part, l'intelligence se dégage pour un moment de ses fonctions serviles et s'oublie elle-même; de l'autre, elle considère les réalités sans les rapporter à soi, ou, ce qui revient au même, elle regarde dans chaque objet particulier le type dont il est un exemplaire, — et cette double abstraction une fois opérée, de telle sorte que ce qui pouvait intéresser l'égoïsme du spectateur n'existe plus pour lui, il entre dans un monde nouveau où tout se transforme, où l'image même de ce qu'il y a de tragique dans la destinée devient l'objet d'une pacifique et sereine contemplation. Il est donc permis de dire en un sens très vrai que les idées seules sont l'objet de l'art. Ce sont des idées, qu'à l'aide des moyens différents dont elles disposent et sous les formes qui les distinguent, l'architecture et la musique, la sculpture et la peinture, enfin la poésie, se proposent d'exprimer. L'art comme la philosophie, avec laquelle il a des analogies profondes et une intime parenté, est donc la contemplation désintéressée des choses, et la faculté de les présenter aux autres sous cet aspect est l'essence même du génie. Ainsi l'homme est affranchi des liens de la réalité vulgaire, arraché au torrent des intérêts et des mesquines pensées. L'art est pour lui la liberté.

Ce n'est encore là toutefois qu'un remède insuffisant. L'éclair de l'émotion esthétique brille et s'éteint. L'art ne peut pas remplir la vie, une minute d'affranchissement ne fait pas le bonheur, comme une hirondelle ne fait pas le printemps, et puis cette contemplation du beau, toujours passagère, n'est donnée qu'à de rares privilégiés, elle n'est pas à la portée de la multitude inculte et affairée. Le salut, la béatitude, ne sauraient être d'échapper, pour ainsi parler, à la vie par surprise. Ce n'est pas assez de la fuir, il faut la détruire, et j'ajoute sur le champ qu'on ne doit pas entendre par là le suicide, qui ne résout rien. Cette violence faite à la volonté individualisée laisse subsister dans toute sa force la contradiction inhérente à l'existence sensible; le suicide n'est qu'une délivrance illusoire, car l'individu disparaît, mais le principe de toute réalité et la source de toute souffrance demeurent. Le salut ne consiste pas à déserter, il consiste dans la renonciation totale et persévérante de la volonté même qui abdique, dans le détachement absolu qui tue l'égoïsme, et qui fait tout ensemble la sainteté et le bonheur.

Voir et chercher dans les choses des moyens actuels ou possibles pour réaliser sa volonté propre, tel est le principe de l'égoïsme; concevoir au contraire que la volonté est le fonds commun d'où tout être jaillit, et que, diversifiée seulement par le jeu des apparences, elle est cependant identique en tous, c'est supprimer la barrière qui sépare les individus, détruire en leur germe les hostilités réciproques, constituer la fraternité universelle qui embrasse non seulement tous les hommes, mais les animaux, les végétaux chez qui la vie sommeille, les êtres mêmes où la vie n'apparaît point. C'est introniser la pitié à la place de l'égoïsme, la pitié, qui est le retentissement sympathique de toute souffrance dans le cœur de l'homme, la pitié, que les moralistes proclament unanimement le principe de toutes les vertus, l'initiation à l'amour, qui peu à peu vous achemine au renoncement parfait et vous met en état de déjouer les tromperies du destin, d'échapper à l'éternelle illusion dont la nature vous enveloppe. Nous sommes ici en plein bouddhisme. Ces idées sont une émanation des doctrines désespérées qui de tout temps ont fleuri dans l'Inde ; nous y reconnaissons, sous une forme à peine renouvelée, la doctrine de Kapila. Il semble qu'on entende le dialogue de Çakya-Mouni avec lui-même dans la nuit solennelle qu'il passe sous le figuier de Gaja : « Quelle est la cause de la vieillesse, de la mort, de la douleur? — C'est la naissance. — Quelle est la cause de la naissance? — L'existence. — Quelle est la cause de l'existence? — L'attachement à l'être. — Et la cause de cet attachement? — Le désir. — Et celle du désir? — La sensation. — Quelle est la cause de la sensation? — C'est le contact de l'homme avec les choses qui produit telle et telle sensation, puis la sensation en général. — Quelle est la cause de ce contact? — Les sens. — Et la cause des sens ? — Le nom et la forme, c'est-à-dire l'existence individuelle. — Et la cause de celle-ci? — La conscience. — Quelle est la cause de la conscience (¹)?... » Et, remontant ainsi la série des *nidanas* ou des causes, il arriva au bord du *nirvana*, de l'anéantissement volontaire, dans lequel on trouve le salut. Tel est aussi le résultat que notre philosophe propose aux efforts de l'homme. Pour l'atteindre, il y a la voie de la spéculation, par laquelle on découvre le mystère de l'illusion infinie, et la voie de l'expérience pratique du malheur attaché à l'être et du néant de la vie. Ces deux voies sont celles que suivent naturellement les sages, et qui les conduisent, quand ils ont secoué les rêves de la jeunesse et les ambitions de l'âge mur, à la résignation parfaite ; mais elles ne sont pas praticables à la foule des hommes. C'est pourquoi les religions leur en ont ouvert une autre, elles ont inventé des moyens artificiels, et cependant efficaces, d'engendrer les âmes au détachement. Par l'ascétisme et les mortifications méthodiquement pratiquées, elles triomphent de l'amour de la vie, elles conduisent leurs croyants au

---

(1) E. Burnouf, *Introduction à l'histoire du Bouddhisme indien*, pp. 460, 486, 488, 509.

dédain du plaisir, puis de l'existence, et de privation en privation elles les mènent, en dépit des protestations de la chair, à la continence, qui est le salut, car en se généralisant elle entraînerait peu à peu l'extinction de l'espèce, et, avec l'extinction de l'espèce, celle de l'univers, puisqu'il requiert pour exister le concours de la pensée humaine.

III

Je n'ai pas voulu allonger l'exposition de cette philosophie en discutant pas à pas les objections qu'elle soulève. D'ailleurs les difficultés logiques ne portent point contre une doctrine qui se vante de n'être pas un système abstrait, une construction factice d'idées empruntées à la raison pure et reliées avec rigueur. Elle se composerait, à en croire le philosophe, de vérités recueillies indépendamment les unes des autres dans l'expérience; si elle forme un tissu solide et serré, homogène et sans lacunes, c'est qu'elle correspond à la réalité. Elle se pique de trancher par ce caractère vivant avec les philosophies contemporaines et avec leurs méthodes décevantes. Il n'y a pas, à vrai dire, de méthode pour arriver à la vérité; le génie la découvre, les esprits bien faits la reconnaissent et la saluent. Spéculer sur la méthode avant de philosopher, c'est jouer la valse pour la danser ensuite; autant dire qu'Homère devait faire la théorie de l'épopée avant de créer l'*Iliade*. Le philosophe est comme le voyageur qui traverse une ville étrangère et qui, sans se soucier des intérêts qui agitent les habitants, se charge d'en décrire le plan et d'en saisir le caractère; il est comme l'artiste qui dans la campagne voit, non pas des domaines de rapport, des terres à blé, des prairies, des vignobles, mais un paysage sombre ou gai, grandiose ou gracieux. On peut dire encore que le monde se présente au philosophe comme une langue inconnue qui lui est donnée à déchiffrer; s'il tombe sur la véritable clé de la langue, si du moins il parvient à lui appliquer un système alphabétique qui forme des syllabes, des mots, des phrases, et que ces mots aient une acception constante, et que ces phrases présentent un sens suivi et satisfaisant, il peut se flatter d'avoir rencontré la vérité.

Schopenhauer est riche en aperçus, en indications, en trouvailles heureuses; c'est un penseur; il a plus d'esprit qu'il n'en faut à un philosophe, et, fier de cet esprit, il professe pour le génie systématique un dédain exagéré. Cependant sa doctrine se ramène à deux thèses fondamentales. La première est que le monde et l'esprit sont relatifs l'un à l'autre et ne peuvent se comprendre l'un sans l'autre. Elle repose sur une analyse profonde des conditions de la pensée ; mais cette analyse n'appartient pas en propre à Schopenhauer, elle appartient à Kant ; c'est par lui qu'elle est devenue un point de départ obligé de la philosophie, et l'on peut dire qu'il n'est plus permis d'aborder par un autre côté le problème de l'opposition de l'idéal et du réel, ou de celle du matérialisme et du spiritualisme, qui n'en est qu'un aspect. Aujourd'hui le matérialisme, enrichi des vérités nouvelles acquises à la physiologie et à la chimie, a plus de faits à invoquer ; il hasarde moins d'hypothèses, et n'était son affirmation, qui est entièrement gratuite, il pourrait se piquer de n'en hasarder aucune. Le spiritualisme, peu capable de progrès, n'a, depuis Platon, à lui opposer qu'un petit nombre d'arguments toujours les mêmes, mais dont la monotonie ne diminue pas la valeur. Ils ne sont pas encore parvenus à s'entamer l'un l'autre. Celui-ci n'a pu établir jusqu'à présent l'indépendance de la pensée, ni prouver que la distinction de la cause et des simples conditions, distinction inadmissible au point de vue des sciences d'observation, soit plus fondée dans le cas particulier qui l'occupe ; il n'établit pas que le cerveau ne peut être la cause de la pensée. Celui-là ne réussit pas davantage, malgré l'aide du microscope, malgré les expériences les plus délicates et les plus heureuses, à combler la profonde lacune qui sépare le fait physiologique du phénomène intellectuel. L'antagonisme est sans issue, ou plutôt, il n'y a pas de lutte, car les adversaires se menacent de la voix dans le brouillard sans parvenir à s'approcher; ils étudient chacun à part des ordres de faits très distincts et que la science fait bien de séparer par abstraction, mais qui n'en sont pas moins corrélatifs, et dont l'un ne peut être considéré comme générateur de l'autre. Pas de pensées sans objet; mais sans pensée l'objet se dépouille des qualités qui le constituent, il échappe à toute définition, il se disperse et s'anéantit. Otez un des deux termes, l'univers des corps ou l'univers des esprits, tous deux aussitôt s'évanouissent. Toute théorie qui s'élève au-dessus de ces deux points de vue exclusifs est dans la grande route ouverte depuis Kant, et qui conduit aux découvertes fécondes, non seulement les sciences positives, mais la science de l'esprit et la philosophie.

Cette première thèse est une constatation de faits; la seconde est la plus audacieuse des analogies, et, comme toute analogie, elle est difficile à combattre, soit qu'on emploie contre elle la dialectique, ou qu'on invoque l'observation. Tout être, dit Schopenhauer, est une manifestation de la volonté, et il explique à l'aide de cette clé bien des faits curieux; malheureusement cette doctrine soulève une objection absolue. Schopenhauer combat à outrance ceux qui font de l'idée le principe des choses, parce qu'il n'y a pas d'idée sans conscience; mais il est non moins évident qu'il n'y a pas de volonté sans but préconçu et déterminant. La volonté enveloppe deux choses, l'énergie agissante, plus une règle de son action. Si la nature agit comme nous, entre les œuvres de *sa volonté* et celle de la nôtre, entre le plan qu'elle réalise en même temps qu'elle le conçoit, et dans lequel pensée et matière sont identiques, et nos travaux, où la pensée et la matière sont profondément distinctes, où la première est en nous et la seconde hors de nous, il existe sans doute une différence ou plutôt un abîme. Oui, dans tous les ordres d'existence et à tous les degrés de la nature, on doit reconnaître avec Leibniz l'activité et l'effort; mais cette raison diffuse dans la nature, comme le voulaient les stoïciens, et toujours infaillible, cette volonté aveugle qui agit suivant des lois stables et se manifeste en créations régulières, voilà justement l'insondable, — et si le mot de volonté, commenté par le sentiment que nous avons de la nôtre, exprime bien à certains égards le mode d'action de la nature, il ne peut, comme bien d'autres mots, entrer avec cette acception dans la philosophie qu'à titre hypothétique et provisoire.

L'originalité de la doctrine qui vient d'être esquissée n'est pas là, elle consiste dans ses applications morales. Toute philosophie est avant tout spéculative, elle n'enseigne pas plus la vertu que l'esthétique n'enseigne le génie, — et celle de Schopenhauer se propose d'abord, elle aussi, la recherche du vrai ; mais au fond elle a de grandes ambitions pratiques, elle aime à se rattacher par ses conclusions morales au christianisme, à la *très sainte* religion du bouddhisme. En expliquant le monde, elle dit quelle est la loi du salut ; en dénonçant le mensonge de la vie, elle proclame où est la sagesse. Ce mépris de l'existence, symptôme d'une disposition maladive ou fruit du désespoir, ce détachement que les religions prêchent obstinément, quoiqu'en vain, aux deux tiers de l'espèce humaine, Schopenhauer en donne la raison spéculative. Comme les religions, bien des philosophes ont opposé le monde des apparences sensibles à celui des idées, le monde des phénomènes à la réalité en soi. Le pessimisme de Schopenhauer est la traduction morale de ces conceptions métaphysiques.

Dans les livres de l'Inde, la vie est représentée comme un songe ; pour Schopenhauer, elle est un cauchemar, et c'est afin de nous conduire doucement au sommeil sans rêve qu'il se fait le théoricien du quiétisme. Ce mépris versé à pleines mains sur la civilisation et sur ses œuvres, cette théorie de la souffrance et du néant exposée non par un prêtre, mais par un philosophe qui prétend en donner les raisons spéculatives et la preuve expérimentale, ont quelque chose de piquant. Dans le décri des systèmes, celui-ci, qui semblait le rire éclatant d'un démon sur l'immense *fiasco* de l'univers, était bien fait pour réveiller l'attention blasée. Aussi voyez la bizarrerie de la rencontre. C'est au bout de quarante années qu'il sort de l'obscurité, dans un moment où les attentions sont fébrilement excitées, où l'homme traite la nature en conquérant, la surmène, se flatte d'en arracher tout ce qu'il voudra, où tous, gonflés de leur droit, demandent à grands cris que la vie soit bonne. Prenez garde : si l'homme est bon, si la nature est bienfaisante et prodigue, quel étonnement mêlé de colère ne va pas susciter l'homme qui fera par hasard exception à cette bonté universelle ! Quelle indignation ne provoqueront pas le moindre mécompte, la plus légère inégalité, la plus petite prévention, contre ceux qui trompent le vœu de la nature en s'en appropriant les bienfaits ! Comment ferez-vous pour ne pas quereller perpétuellement le destin ? Eh ! pauvres gens, travaillez, trémoussez-vous, épuisez vos forces et votre esprit pour arriver tout au plus à déplacer le mal. Vous le dissimulerez ou vous en modifierez les aspects, vous ne le détruirez pas. Au contraire, si l'homme est égoïste, si la loi dans l'univers est aveugle et féroce, si le mal est incurable, voilà tout d'un coup la patience devenue naturelle ; au moindre bien, vous êtes satisfait, et l'ombre seule de la vertu vous ravit.

Dans un temps où l'on divinise l'humanité, — où c'est un sûr moyen d'enlever les applaudissements que d'en parler avec emphase, une doctrine qui s'exprime d'un ton à la rendre modeste serait assez à sa place, si elle était moins outrée ; mais une invincible protestation s'élève contre les conclusions où elle aboutit. On se demande si l'illusion n'a pas son prix comme la vérité, si trop présumer de soi ne vaut pas mieux que de ne point se placer assez haut, et l'instinct répond, un instinct qui porte l'homme à l'action, à la croyance, au bonheur, et sur lequel il est probable que ne prévaudront pas de sitôt les subtiles doctrines qui l'accusent de mensonge et d'aveuglement.

TABLE DES MATIÈRES

	Pages.
Préface	1

ÉTUDES ET RÉFLEXIONS D'UN PESSIMISTE

Oraison funèbre de l'auteur qui ne contient pas l'apologie de ses défauts.	11
I. Considérations sur la maladie et la santé et supériorité de la première démontrée par un illustre exemple.	36
II.	66
III.	102
IV.	140
V.	176
VI. Protestation de maistre François.	224

UN BOUDDHISTE CONTEMPORAIN EN ALLEMAGNE

Arthur Schopenhauer.	241

Paris. — L. Maretheux, imprimeur, 1, rue Cassette.

Extrait du Catalogue de la **BIBLIOTHÈQUE-CHARPENTIER**
à 3 fr. 50 le volume
EUGÈNE FASQUELLE, ÉDITEUR, 11, RUE DE GRENELLE

DERNIÈRES PUBLICATIONS

MAURICE BARRÈS
L'Appel au Soldat.. 1 vol.
ALBERT BOISSIÈRE
Les Trois Fleurons de la Couronne............................ 1 vol.
FÉLICIEN CHAMPSAUR
Poupée Japonaise... 1 vol.
GEORGES CLEMENCEAU
Au Fil des Jours... 1 vol.
LÉON DAUDET
Les deux Étreintes... 1 vol.
EDMOND DESCHAUMES
L'Auteur mondain... 1 vol.
HENRY FOUQUIER
Philosophie Parisienne....................................... 1 vol.
EUGÈNE FOURNIÈRE
Chez nos petits-fils... 1 vol.
HECTOR FRANCE
Croquis d'Outre-Manche....................................... 1 vol.
ALBERT JUHELLÉ
Les Pêcheurs d'hommes.. 1 vol.
ERNEST LA JEUNESSE
Sérénissime.. 1 vol.
GEORGES LECOMTE
La Maison en fleurs.. 1 vol.
C^t ÉMILE MANCEAU
Notre Armée.. 1 vol.
CATULLE MENDÈS
Le Roi Vierge (Édition définitive)........................... 1 vol.
OCTAVE MIRBEAU
Le Journal d'une Femme de chambre............................ 1 vol.
G. DE RAULIN
Rasqueux... 1 vol.
JEAN RICHEPIN
Lagibasse.. 1 vol.
LOUIS DE ROBERT
Le Partage du cœur... 1 vol.
EDOUARD ROD
Au milieu du Chemin.. 1 vol.
PAUL STRAUSS
Dépopulation et Puériculture................................. 1 vol.
WALDECK-ROUSSEAU
Questions sociales... 1 vol.
ÉMILE ZOLA
Fécondité.. 1 vol.

ENVOI FRANCO PAR POSTE CONTRE MANDAT

www.ingramcontent.com/pod-product-compliance
Lightning Source LLC
Chambersburg PA
CBHW060406170426
43199CB00013B/2027